|생태문명총서 1|

LA COSMOVISIÓN DE LA TRADICIÓN
MESOAMERICANA

메소아메리카 전통의
꼬스모비시온
'우주와 신성'

알프레도 로뻬스 아우스띤 지음
한국외국어대학교 중남미연구소 엮음
조구호·유왕무·김윤경·최해성·김수진 옮김

한울
아카데미

| 일러두기 |

1. 이 책은 알프레도 로뻬스 아우스띤(Alfredo López Austin)의 *La cosmovisión de la tradición mesoamericana* (México: Arqueología mexicana, 2016)의 내용을 저자와 원출판사의 허락을 받아 한국외국어대학교 중남미연구소에서 새롭게 정리해 구성한 것입니다.
2. 이 책의 외국어는 현지 발음에 가깝게 표기했습니다. 단, 정확한 발음을 알기 어려운 일부 원주민 단어는 한글로 표기하지 않고 원어를 그대로 썼습니다.

'생태문명총서'를 발간하며

　지구촌 곳곳에서 기후변화, 지구온난화, 생물다양성 감소 등 심상치 않은 생태 위기의 조짐이 급격히 나타난다. 특히 최근 팬데믹 사태는 위기의식 확산의 결정적 계기가 되었다. 모두 합쳐 보아야 채 1kg도 되지 않는다는 '코로나19' 바이러스에 80억 인류가 절절매는 모습을 보면서 '자연의 분노'가 얼마나 큰 재앙을 초래하는지 우리 모두 통감하게 되었다. "자연에 반하는 삶이 인간에게 불평등과 예속, 불행을 가져다줄 것"이라는 18세기 장 자크 루소(Jean Jacques Rousseau)의 말처럼, 이대로 가다간 더 큰 재앙이 닥칠 수도 있다는 위기감이 커지고 있다. 더 늦기 전에 자연을 대하는 생각과 태도를 전면적으로 바꾸어야 할 때가 된 것이다.

　'생태문명총서'는 이처럼 코로나19 팬데믹을 계기로 생태환경에 대한 인식이 급격히 고조된 시점에 세상에 나오게 되었다. 그러나 우리가 절묘한 '타이밍'을 미리 예측한 것은 아니다. 이 총서의 가치를 언젠가는 인정받으리라는 막연한 기대를 했지만, 기획할 당시만 하더라도 '생태문명'에 대한 논의가 이처럼 빨리 전개될 것이라고는 거의 예상하지 못했다.

　'생태문명총서'는 한국외국어대학교 중남미연구소가 한국연구재단의 후원으로 2019년 5월부터 진행 중인 인문한국플러스(HK+)

사업의 일환으로 마련되었다. 본 연구소는 7년(2019~2026)의 사업 기간에 걸쳐 20여 권의 학술 및 교양 총서를 발행할 예정인데, '생태문명총서'는 학술총서에 해당하는 것이다. 교양총서가 일반 독자를 대상으로 라틴아메리카 전반을 다루는 것이라면 '생태문명총서'는 사업단 어젠다와 직접적으로 연관된다. 따라서 학술총서의 발행 취지에 대한 독자들의 이해를 돕기 위해서는 우리가 오랜 기간 준비해 온 연구의 취지와 내용을 소개할 필요가 있다.

한국외국어대학교 중남미연구소의 HK+ 사업 어젠다는 '21세기 문명 전환의 플랫폼, 라틴아메리카: 산업문명에서 생태문명으로'이다. 제목에서 드러나듯 이 주제는 현재 세계가 당면한 환경과 생태 문제에 대한 대안적 패러다임을 중남미 지역 연구를 통해 모색하려는 것이다. 일견 '중남미'와 '문명 전환'이라는 두 개의 키워드는 서로 무관한 것처럼 보인다. 그러나 16세기 이후 인류 문명의 새로운 패러다임은 항상 중남미에서 비롯되었다. '근대'는 아메리카 대륙의 '발견'과 함께 개막되었으며, 산업혁명과 자본주의 역시 중남미에서 유입된 은이 원동력을 이루었다. 근대가 중남미에서 추동되었듯, 탈근대 사상의 자양분 역시 중남미 지식인들에 의해 뿌려졌다. 포스트모더니즘의 선구자 호르헤 루이스 보르헤스(Jorge Luis Borges, 아르헨티나), 서구 중심의 근대성을 비판한 옥따비오 빠스(Octavio Paz, 멕시코), 해방신학의 아버지 구스따보 구띠에레스(Gustavo Gutiérrez, 페루), 해방철학을 주창한 엔리께 두셀(Enrique Dussel, 아르헨티나), '바로크적 에토스'를 통해 자본주의의 대안을 모색한 볼리바르 에체베리아(Bolívar Echeverría, 에콰도르-멕시코) 등이 대표적이다. 수천 년 동안 이어져 온 창조론적 사고를 획기적으로 뒤집은 진화론의 '기원'이 바로 갈라파고스 제도였다는 사실은 '문명 전환의 플랫폼'으로서 중남미의 중요성을 상징적으로 보여준다.

우리는, 21세기 생태와 환경의 위기에 직면해 다시 한번 이 대륙을 주목하고 있다. 이 지역 국가들이 '지속가능한 발전'에 내포된 한계를 극복하고 생태계와 인간성의 회복을 위한 근원적인 패러다임의 가능성을 제시하고 있기 때문이다. 대표적으로 2008년에 제정된 에콰도르의 신헌법은 인간에게 '인권'이 있듯 자연에는 '자연권(The Right of Nature)'이 있다고 선언한 바 있다. 같은 맥락에서 볼리비아 역시 2011년에 세계 최초로 '어머니 지구'의 생존권을 보장하자는 일명 '어머니 지구 권리법(Ley de Derechos de la Madre Tierra)'을 명문화했다. 안데스 국가들에서 께추아어로 '어머니 대지'를 의미하는 '빠차마마(Pachamama)', '좋은 삶'을 의미하는 '수막 까우사이(Sumak Kawsay)'는 자연과 인간의 조화로운 공생을 지향하는 새로운 사회·문화적 패러다임으로 확산되고 있다. 이 밖에도 중남미의 많은 국가에서 자연권 및 생태 사상을 반영한 관련 법률이 제정되었음을 감안하면 생태주의적 패러다임의 제도화와 사회적 실천 측면에서 이 지역은 세계에서 가장 앞서나가는 곳이라 할 수 있다.

중남미의 이 같은 실험적 시도는 그 성패 여부와 상관없이 대단히 중요하고 시의적절한 것이라고 판단된다. 자연권에 근거해 새로운 인간상의 정립과 공동체적 대안을 모색하려는 인식의 변화와 노력 자체가 인류 문명의 새로운 전환을 위한 시도로서 중대한 의미를 지니기 때문이다. 이에 따라 우리에게 그들의 시도를 총체적으로 살펴볼 필요성이 대두되었다. 인문학적 관점에서 중남미의 역사와 사상, 문화 등 인식론적 계보를 추적하고, 사회과학적 관점에서 중남미의 정치와 경제, 사회, 법률 등 구조적 요인을 고찰하며, 환경학적 관점에서 이 대륙의 생태와 환경 문제 등 자연적 요인을 과학적으로 분석해야 한다는 것이다.

우리의 기획은 국내외적으로 유례를 찾기 어려울 만큼 참신하고 창의적이다. 중남미의 과거와 현재, 정신과 물질, 인간과 자연을 아우르며 인류가 지향해야 할 미래의 패러다임을 모색한다는 점에서 이 대륙에 대한 '재발견'의 시도라고 말할 수 있을 것이다. 우리의 '발견'은 물질적 탐욕으로 추동되었던 1492년의 그것과는 사뭇 다를 것이다. 우리는 중남미에서 인류를 위한 공존과 상생의 지혜를 찾고자 시도할 것이기 때문이다.

앞서 언급했듯, 중남미연구소가 인문한국플러스(HK+) 사업을 시작한 지 채 1년도 지나지 않아 코로나19가 전 세계를 엄습했다. 팬데믹 초기에 인류는 예기치 않은 자연재해를 당한 것처럼 당혹감을 감추지 못했으나 점차 시간이 흐르면서 이 사태가 주는 역사적·문명사적 함의를 반추하기 시작했다. 즉, "19세기는 1800년 1월 1일이 아닌 1830년 산업혁명과 함께 시작되었으며, 20세기는 1914년 제1차 세계대전과 함께, 그리고 21세기는 코로나19 팬데믹과 함께 시작되었다"는 포르투갈의 사상가 소우사 산또스(Sousa Santos)의 말처럼 코로나19 팬데믹은 뉴 노멀(New Normal) 시대의 개막을 알리는 신호탄으로 해석되고 있다. 이 같은 상황은 본 사업단의 연구 어젠다의 필요성과 시의성을 배가하는 계기가 되었다. 단기간에 인류 전체를 전염병의 우리에 가두어놓은 사상 초유의 코로나19 사태는 과거의 전염병들처럼 백신과 치료제의 개발이라는 과학적 해법을 넘어, 근대 이후 자연을 개발 대상으로만 생각하던 기존의 세계관에 근본적인 성찰을 요구하기 때문이다. 이제 생태와 환경 문제는 관련 전문가들만의 관심사나 추상적인 철학적·윤리적 화두를 넘어 전 세계인이 절박하게 느끼는 일상의 현실적 의제로 부상했다. 불과 얼마 전까지만 하더라도 지구온난화로 인해 극지의 빙하가 사라지고, 태평양 저지대의 섬들이 수몰될 수 있다는 사실은 SF 영화의 한 장면처럼 비현실적인 것이었다. 하지만 코로나19 사태를 겪으며 인류는 기후 위기 역시 어느 날 갑자기 닥칠 수 있는 동시대적 재앙일 수 있다고 우려하기 시작했다. 이런 관점에서 보면 '코로나19 팬데믹 사태'는 자연이 우리에게 주는 마지막 경고이자 기회일 것이다.

어찌 보면 본 사업단이 기획한 학술총서와 교양총서의 구분도 코로나19를 계기로 별 의미가 없어졌다. 애초에 전문가를 대상으로 한 '생태문명총서'는 이제 21세기를 살아갈 일반인을 위한 '교양총서'가 되었다고 해도 과언이 아니기 때문이다. 우리는 본 총서에 전문 지식은 물론이고 시대적 책임감과 소명의식까지 담아내려 노력했다. 총서 발행을 후원해 준 한국연구재단과 출판을 맡아준 한울엠플러스(주)에 감사를 표한다.

한국외국어대학교 중남미연구소장 겸 인문한국플러스 사업단장
전용갑

메소아메리카 전통의 '꼬스모비시온', 우주와 신성에 관해

    '메소아메리카(Mesoamérica)'에서 '메소(meso)'는 그리스어로 '중간'을 의미한다. 이 지역이 북아메리카와 남아메리카의 중간 지점에 위치하기 때문에 그런 이름을 붙였다. 1939년에 개최된 '국제 아메리카 전문가 학회'에서 '아메리카의 문화 요소 분포에 관한 연구를 위한 국제 위원회'가 탄생했다. 위원회는 멕시코에서 활동한 독일의 문화인류학자 폴 키르히호프(Paul Kirchhoff, 1900~1972)를 비롯한 일군의 학자에게 멕시코 중부와 남부, 중앙아메리카 중부 지역 사회들의 문화 지역의 범위를 획정하고 특성을 규정하도록 위임했다. 키르히호프가 1943년에 발표한 연구를 토대로 메소아메리카의 경계를 정한 지도가 등장했다. 이 지역은 확실한 정치적 경계선이 없이 문화적으로 구분되는데, 대략 현재 멕시코의 절반(9개 주), 엘살바도르, 과테말라, 니카라과, 코스타리카, 파나마, 벨리즈, 온두라스를 포함하는 지역이다. 약 2500년 이전에 형성되기 시작한 메소아메리카는 나중에 국가 형태의 조직체들이 생기고, 외부의 영향을 받지 않은 채 독자적으로 발전해 갔는데, '메소아메리카의 전통'이라는 이름을 받게 되는 시기는 크게 둘로 나눌 수 있다. 농경 정주 생활이 시작되고부터 에스파냐의 침략으로 원주민 사상의 자주성이 단절된 때까지, 그리고 에스파냐의 식민지가 되어 가톨릭 복음화가 시작되고부터 현재까지다. 일부 학자는 메소아메리카의 시기를 전자로 한정해 전(前)고전기, 고전기, 후(後)고전기로 분류하기도 한다.

메소아메리카의 역사와 전통에 관해 평생 연구한 학자가 있다. 알프레도 로뻬스 아우스띤(Alfredo López Austin, 1936~)이다. 그는 콜럼버스(Cristóbal Colón) 도래 이전의 메소아메리카에 관한 연구에서 괄목할 만한 업적을 남긴 멕시코의 역사가로, 멕시코 국립자치대학교(UNAM) 인류학연구소 명예연구원이자 같은 대학교 인문대학 메소아메리카의 꼬스모비시온(Cosmovisión) 전공 교수로 활동하면서 수많은 메소아메리카 전문가를 배출했다. 멕시코 국립자치대학교에서 「인간의 몸과 이데올로기: 고대 나우아족에 관한 개념들(Cuerpo humano e ideología: Las concepciones de los antiguos nahuas)」로 박사학위를 취득했는데, 학문을 탐구하는 과정에서 아날학파의 영향을 받았다. 특히 프랑스의 역사학자 페르낭 브로델(Fernand Braudel, 1902~1985)이 각기 다른 역사적 시기에 관해 설정한 개념은 메소아메리카의 역사적 현실을 설명하고, '핵심(核心, núcleo duro)'의 개념을 만들려는 로뻬스 아우스띤에 의해 정교하게 다듬어졌다.

로뻬스 아우스띤의 연구는 메소아메리카의 꼬스모비시온, 신앙, 의례, 신화의 의미를 역사적 맥락에서 이해하는 데 집중되어 있다. 가장 널리 알려진 연구 성과는 인간의 몸과 그 몸을 구성하는 각기 다른 영혼에 관한 고대인의 개념에 관한 것, 메소아메리카 신화의 본성에 관한 것, 세상의 창조에 관한 것, 우주의 기하학적 구조와 기능에 관한 것 등이다. 현재 페루의 루이스 미요네스(Luis Millones)와 함께 메소아메리카와 안데스의 종교적 전통을 비교하는 연구에 매진하고 있다.

로뻬스 아우스띤은 그동안의 연구 성과를 인정받아 2020년에는 역사, 철학, 문학, 언어, 예술, 사회과학 분야에서 뛰어난 성과를 거둔 사람에게 수상하는 '국가예술문학상(Premio Nacional de Artes y Literatura)'을 받았다.

앞서 언급했다시피 로뻬스 아우스띤은 메소아메리카 역사와 문화를 심층적·총체적으로 이해하기 위해 다양한 개념을 설정했는데, 그 가운데 중추적인 역할을 하는 '꼬스모비시온', '핵심', '신화'에 관해 살펴보자.

로뻬스 아우스띤의 학술적인 작업에서 개념적인 토대를 이루는 '꼬스모비시온'은 유구한 세월 동안 아주 광범위한 공간에서 이루어진, 다양한 인자로 구성된 역사적 사건을 다루기 때문에 아주 복잡한 연구 대상이다. '꼬스모비시온'은 '세계관'의 유사어라고 할 수 있다. 세계관의 사전적 정의는 "어떤 지식이나 관점을 가지고 세계를 근본적으로 인식하는 방식이나 틀"로, 세계관에는 자연 철학 즉 근본적이고 실존적이며 규범적인 원리와 함께 주제, 가치, 감정과 윤리가 포함될 수 있다. 로뻬스 아우스띤이 규정한 메소아메리카 전통의 '꼬스모비시온'은 흔히 세계관이라고 불리는 개념에 메소아메리카 특유의 우주론(cosmology)과 우주기원론(cosmogony)을 포함한 것이다. 한마디로 말해 '꼬스모비시온'은 '메소아메리카적 세계관'이라고 할 수 있을 것이다. 따라서 이 책에서는 'Cosmovisión'을 세계관으로 번역하지 않고 고유명사처럼 그대로 표기했다.

로뻬스 아우스띤은 꼬스모비시온을 "서로가 비교적 강하게 연계되어 있는 교리들의 집합으로, 그 집합과 더불어 개인, 사회 집단 또는 공동체는 어떤 역사적인 순간에 세계가 어떤 것인지에 관한 새로운 관점을 만들려고 시도한다"라고 규정한다. 그가 이해한 '꼬스모비시온'은 부르주아 계급이 긴 세월의 흐름 속에서 만들어낸 역사적 사실이기도 하다. 그렇듯 '꼬스모비시온'은 메소아메리카라는 문화적 세계에, 수 세기가 걸리는 역사적 과정에 속해 있다. 메소아메리카의 현실에 기반한 로뻬스 아우스띤의 제안은 역사적 관점에서 지탱되는데, 그 이유는 문화적 다양성이 역사적 상황과 역사적 변화의 산물이라고 간주되기 때문이다. 다른 방식으로 말하면, 문화의 거대한 구조물 가운데 하나가 '꼬스모비시온'이다. 꼬스모비시온은 인간의 행동을 만들거나 금지하고, 이끌고, 형성하고, 조건지우며, 강화하거나 약화하고, 부추기거나 변경하는 다양한 정신 행위로 구성되어 있다고 할 수 있다. 인간의 정신적인 생산은 사회적 관계에 따라, 특히 의사소통에서 비롯된 상호주관성의 과정에 의해 좌우된다. '꼬스모비시온'은 정신적인 행위를 하는 각 개인이 지닌 기능의 결과가 아니라 어떤 사회적 실체가 생산한 정신 행위들의 집단적인 그물(網)로 이해되어야 한다. 꼬스모비시온을 구성하는 그물이 어느 사회적 실체의 역사적 사건에서 파생되기 때문에 사회적 생산물로서 연구되어야 한다. '꼬스모비시온'이 영원히 변화하는 역사적이고 역동적인 사실이기 때문에 이를 연구하기 위해서는 이 역동적인 변화들을 이해하는 것이 필수적이다.

꼬스모비시온은 다음과 같은 근본적인 질문에 대한 답이라고 할 수 있다. "우주의 궁극적 실재는 무엇인가?", "인간은 어디서 왔으며 존재와 삶의 의미는 무엇인가?", "역사와 문화, 사회, 국가, 전통 등의 의미는 무엇인가?" 다시 말해 우주의 기원, 창조신, 세상, 자연, 인간의 존재와 본질에 대한 인식론적 문제, 그 의미를 천착하는 것이다.

로뻬스 아우스띤은 '핵심'을 특정 '꼬스모비시온'을 구성하는 요소들의 집합이라고 이해하는데, 이 집합은 역사적인 변화에 강력하게 저항하면서 '꼬스모비시온'의 나머지 부분을 구성하고, 의미를 부여한다. 따라서 이 '핵심'은 특정 민족의 지혜와 전통의 토대로 자리매김한 '꼬스모비시온'의 기반이 된다. 이런 의미에서 하나의 '핵심'은 시간적·문화적으로 공유되고, 역사의 영고성쇠에도 지속되는 주요 요소들을 가리킨다. '핵심'은 메소아메리카 전통의 변화를 재구조화하면서, 커다란 차이들로 인해 갈수록 달라져 가는 다양한 사회를 연결하는 영속적인 소통의 토대가 되었다. '핵심'이 체계의 구성 요소들을 조직화하는 역할을 하면서 혁신을 조정하고, 요소들이 약화 또는 와해·손실되었을 때 체계를 복원하는 역할을 하기 때문이다. '핵심'의 개념이 메소아메리카의 역사에 내재된 유구한 이데올로기적 연속성을 설명하기 때문에 로뻬스 아우스띤의 동료들과 제자들에 의해 광범위하게 활용되어 왔다.

로뻬스 아우스띤은 저서 『뜰라꾸아체 신화(Los mitos del Tlacuache)』에서 신화의 개념을 재설정하고, 그 개념을 적용해 메소아메리카의 현실을 설명했다. 그에게 메소아메리카의 신화는 사회적·역사적 사실로 이해되는데, 그 사실은 오랜 세월에 걸쳐 세상에 거주하는 존재들의 주요 특성, 본성, 기원을 설명하는 일련의 신화가 된다. 메소아메리카의 전통에서 신화의 개념을 설정할 때 두 개의 커다란 핵심 요소가 나타난다. 하나는 신앙에 의해 형성되고, 다른 것은 이야기에 의해 형성된다. 이 핵심 요소들은 각기 다른 형태와 성질을 가지나 밑바탕에서는 서로 의존적이다. 신앙이 실제적으로 포착할 수 없고, 편재하고, 경계를 정할 수 없고, 무수한 경로로 표현된다면, 이야기는 텍스트적 본성에 따라 구체적이고 명확하게 표현되기 때문에 그 의미를 해석할 수 있다. 실제로 신화는 열리고, 발전하고, 완성되고, 닫히면서 집단적으로 분석되고, 측정되고, 평가될 수 있는 하나의 총체를 만들어낸다. 신화는 특정할 수 있는 시간, 특정할 수 있는 장소에서 생산된다. 로뻬스 아우스띤의 신화에 대한 정의는 클로드 레비-스트로스(Claude Levi Strauss)와 조지프 캠벨(Joseph Campbell) 같은 학자들의 정의와는 다르다.

메소아메리카학의 대가인 로뻬스 아우스띤이 수십 년 동안 연구한 학문적 성과를 집대성한 이 책이 아우르는 주제는 다양하지만, 주로 '우주와 신성'에 집중되어 있다. 앞서 소개한 로뻬스 아우스띤의 개념들이 이 책의 각 장에 어떻게 적용·재생산되어 있는지 간략하게 살펴보겠다.

제1장에서 로뻬스 아우스띤은 앞서 소개한 '꼬스모비시온'의 다양한 의미에 관해 언급한다. 인간의 삶은 단 하나의 예외도 없이 사회라는 영역과 연결되어 있고, 우리 개개인이 지닌 변화시키는 능

력은 우리의 열망을 최대한 실현하기 위해 그 영역을 영속적으로 변형되는 경향을 띤다고 한다. 개인과 공동체의 열망을 충족하려는 의지는 사회생활의 형태를 영속적으로 만들어왔고, 그렇게 개인과 사회가 서로 적응하기 위한 지속적인 실험이 세계의 역사가 되었다는 것이다. 로뻬스 아우스띤에 따르면 스스로 다양하게 변화하고, 여러 가지 변종을 만들어내는 어느 문화의 역사적인 연속성이 바로 '문화적 전통'이다. 전통은 사회적으로 창조되고, 공유되고, 이전되고, 수정된 지적 자산으로, 이 자산은 행위의 표현과 양식으로 이루어진다. 사회 구성원들이 삶에서 발생하는 다양한 상황에 대해 개별적 혹은 집단적으로, 정신적이거나 외면화된 방법으로 대처할 때의 생각과 행동 지침이 이 자산 안에서 전개된다. 따라서 전통은 세대에서 세대로 전해지는 사회적 표현의 구체화·균일화된 단순한 총체가 아니라, 한 사회가 그 어떤 상황에도 지적으로 응답하기 위해 소유하는 고유의 형식이다. 이런 이유로 우리는 각 세대의 유산을 삶의 새로운 조건에 적응시키는 그 끊임없는 창조 과정에서 발생한 새로운 역사적 상황들 앞에서 바뀌어간 역동적인 자산으로서 전통을 이해해야 한다. 문화는 스스로 변화하고 변종을 생산하면서 역사적으로 지속됨으로써 문화적 전통을 이룬다.

　제2장에서는 '문화적 단일성과 다양성'의 문제를 다루는데, 이는 '유사한 것'은 '다양한 것'만큼이나 절대적인 개념이 아니라 상대적인 개념이라는 인식에서 출발한다. 어떤 것을 다른 것과 비교할 수 있을 때 이런 개념이 존재하기 때문이다. 마찬가지로 각 문화 사이의 상대적 근접성에 따라 문화적 다양성도 드러난다. 그래서

로뻬스 아우스띤은 "두 개의 똑같은 문화적 전통은 없다"라는 명제로 논의를 시작한다. 그는 각 문화의 전통은 다른 문화의 전통과 다르기 때문에 타 문화의 가치를 자기 문화의 척도로 평가해서는 곤란하다고 주장한다. 우리는 수많은 타자성의 바다에 떠 있는 한 줌의 타자들에 불과하고, 인류의 역사적 맥락 안에서 끊임없이 적응해가는 문화의 설립자-사용자에 불과하기 때문이다. 로뻬스 아우스띤은 오늘날 미디어, 상업, 오락 등 각종 문화적 요소의 유포와 팽창으로 인한 문화적 갈등을 우려하며, 인류학의 역할을 기대한다. 특히 두 개의 문화 사이에서 양립 가능한 가교 역할을 해온 민족학적 필드 연구의 역할에 주목한다. 이런 전문적 연구가 더 공정하고 균형 잡힌 문화적 상호작용을 위한 도구로서 수많은 타자 사이에서 타자성을 옅게 해줄 것이라고 믿기 때문이다.

제3장에서는 '메소아메리카 전통의 '꼬스모비시온'이 무엇인가'를 밝히기 위해 메소아메리카의 전통, 메소아메리카'라는 개념 정의, 메소아메리카의 고대사, 유럽과 메소아메리카의 만남의 의미, 식민시대의 세계관 등에 관해 언급한다. 메소아메리카는 어떤 공통적인 역사에 의해 결합되어 있는 곳으로, 그 역사는 주민들을 하나의 집합체로서 대륙의 다른 민족들과 맞서게 하는데, 그들이 메소아메리카라는 세력권에 일단 들어오게 되면 이주를 위한 활동이 일반화된 법칙에 따라 그 세력권으로 제한되었다. 이들은 아메리카 대륙 외부의 영향을 받지 않은 채 계속해서 독자적으로 발전해 갔다. 에스파냐의 침략은 그 결과가 유래를 찾기 어려울 정도로 무자비했지만 역사에 지속된 아주 강한 농업적 색채의 옛 전통

을 말살할 정도로 강렬하지는 않았다.

로뻬스 아우스띤은 식민시대 원주민 종교들의 공통적인 면모, 기독교와 메소아메리카 종교의 근본적인 차이점에 관해서도 언급한다. 예를 들어 '아버지 신'은 하늘과, 그리스도는 태양과, 성처녀는 어머니 대지와 동일시된 반면에 마을의 수호성인은 메소아메리카의 옛 수호신으로 각색되었다. 반면에 기독교적 악마는 극도의 악행 때문에 메소아메리카 사람들에게 제대로 이해되지 못했고, 성스럽거나 초자연적인 인물들 모두, 특히 그리스도와 성인들은, 역사적인 실재로 받아들여지지 않고 세상이 만들어지는 시간에 태초의 세계에 존재한 것들로 인정되었다. 이 장에서 로뻬스 아우스띤은 '핵심'에 관해 설명한다. 그에 따르면 메소아메리카의 전통적인 '꼬스모비시온'의 특징은 '단일성/다양성'으로 구성되어 있는데, 단일성은 변화의 영향을 받지만 변화에 강렬하게 저항하는 어떤 '핵심'의 존재로 인해 효력을 지닌다. 다양성은 메소아메리카 사회를 구성하는 것들의 기원과 언어의 이질성, 지리적 환경의 다양성, 각 사회의 문화적 영역에서 전개된 독특한 역사와 전통, 메소아메리카라고 하는 거시적 영역에서 각각이 차지하는 상대적·역사적 위치를 포괄한다. 그런데 메소아메리카의 '핵심'이 거대한 충격을 받음으로써, 주요 요소들 상당 부분이 에스파냐의 침략부터, 그리고 식민시대 전 기간에 걸쳐 바뀌어버렸다는 사실을 주지할 필요가 있다고 로뻬스 아우스띤은 주장한다.

제4장에서 로뻬스 아우스띤은 "메소아메리카의 전통적인 세계관에 어떻게 접근할 것인가?"라는 문제에 대해 천착한다. 그는 역

사학과 인류학의 관점에서 접근하는 방법, 종합적으로 접근하는 방법, 차이보다는 유사성에 주안점을 두는 방법 등을 제안한다.

역사학적인 탐구(역사를 어떻게 이해할 것인가?) 방법론으로는 총체적으로 접근하는 아날학파의 관점을 소개한다. '사건들의 총체로서의 역사[레스 게스퇴(res gestœ)]'는 모든 것이 엮여 있고 모든 것이 역동적인 인간 사회가 경험하는 사건들의 총체로서, 역사가 현재도 일어나고 있는 것이기 때문에 역사를 과거에 한정할 수 없다. '사건들의 기록으로서의 역사(레룸 게스타룸: rerum gestarum)'는 사회적인 의식으로부터 탄생한 인간 활동을 기록하는 것인데, 이 같은 의식은 사회집단에서 의미가 있는 것에 대한 기억을 보존하는 것이다. 기록으로서의 역사는 현재를 살아가는 사람들과 미래에 존재하게 될 사람들에게 사용되는 모든 형태의 기록을 포함한다. 로뻬스 아우스띤은 역사학의 과학성에 관해서도 언급한다. 과학으로서의 역사는 객관적이고 입증 가능한 지식뿐만 아니라, 사회적 사건과 그 원리, 원인, 전개, 영향과 관련된 검증 가능한 제안들이 체계적으로 구조화되고 정리된 총체로 구성되기 때문이다.

로뻬스 아우스띤은 고고학이 메소아메리카의 역사 전체에 관해 답을 주기 때문에 고고학을 메소아메리카의 '꼬스모비시온'에 관한 연구 분야에서 최고의 학문이라고 평가하면서 다른 분과 학문, 즉 생물인류학, 언어학, 생물학, 화학 등이 제공하는 지식으로 보완해야 한다고 주장한다. 민족학과 민족지학 또한 메소아메리카 전통의 현재를 연구하기 위한 기본 학문으로서, 메소아메리카의 과거와 현재를 비교·연구할 가능성을 열어주는 학문이라고 평가한다.

제5장에서는 '우주적 작용과 신성한 것의 존재'에 관해 다룬다. 로뻬스 아우스띤에 따르면 존재하는 것의 총체가 우주(cosmos)다. 우주는 물질의 유형과 지배적인 성질에 의해 나뉜다. 조밀한 존재들에서 피조물, 즉 인간과 감지할 수 있는 모든 주위 환경이 식별된다. 가벼운 존재들은 세상을 움직이게 하는 자신들의 행위를 통해 감지되는데, 이 존재들이 세상 모든 것을 활성화하고 변화시킨다. 이들 존재의 많은 것이 주기들에서 생성되는데, 이 주기들은 아주 다양한 폭으로 변화하면서 순환한다. 우주는 상보적이고 대립적인 것들의 결합이다. 모든 것은 물질의 두 가지 성질로 구성되어 있다. 이 두 가지 성질은 내부적으로 서로 대립하고, 주위 환경에 저항한다. 이 두 가지 성질은 존재의 내부를 움직이고, 외부를 우주 속에 역동적으로 위치시킨다. 연한 물질로 이루어진 존재들은 물질의 두 가지 성질의 비율에 따라 세상에서 자신들의 기능을 수행한다.

메소아메리카 전통은 우주를 두 개 구역으로 분류해 왔는데, 각각의 구역에서 시간과 공간의 성질과 크기가 다르다. 세계는 피조물의 시간·공간으로, '세계'라는 차원에서 직접적인 지식이 다양한 감각을 통해 획득된다. 그리스어의 '오이코스(oikos: 집)'라는 말에 의존하자면, 세계를 '에꾸메노(ecúmeno)'라고 명명할 수 있다. 이 용어에 반대를 의미하는 접두사 'an-'을 붙이면 '안에꾸메노(anecúmeno)'가 될 것인데, 이는 인간의 지각력 너머에 있는 시공간이다. 안에꾸메노에는 조밀하고, 지각이 가능하고, 세상에 존재하는 물질이 없다. 가볍고, 연하고, 감지할 수 없는 물질로 이루어진 존재들만 안에꾸메노를 점유한다. 그럼에도 이 가벼운 본성의 존재들은 영속적인 형태로든, 주기적이거나 우연적인 변화를 통해서든 세계(에꾸메노)로 스며든다.

로뻬스 아우스띤에 따르면, 세상에 존재하는 개별자 각자가 자신만의 특성을 소유한다는 사실은 그 개별자의 핵심 영혼과 더불어, 제2의 이질적인 영혼들이 그 개별자 안에 둥지를 튼 결과다. 각 개별자를 자신이 속한 종의 다른 모든 개별자와 다르게 해주는 것은 바로 이 영혼들이다.

제6장에서는 먼저 지각할 수 없는 존재들, 즉 신에 대해 다양한 문화권의 시각을 비교하는데, 특히 일신교인 기독교와 다신교적 메소아메리카의 전통이 처음 만났을 때 발생한 상황을 흥미롭게 서술한다. 그리고 지각할 수 없는 존재들을 신이라 정의할 수 있는지를 개념과 용어의 사용에 대한 의미론적 문제를 통해 깊이 있게 다룬다. 또한 메소아메리카의 전통에서 신은 복수(複數)로 존재할 수 있으며, 절대신이 어떻게 분화·복제해 다수의 신으로 나뉘는지 구체적인 예시를 들어가며 설명한다. 신들이 융합·분열·분할하고 재통합한다는 것이다. 이들 신은 인간과 유사한 외형과 속성을 지니고 있을 뿐만 아니라, 사회적 관계 속에서 나타나는 가치(정의, 복수 등)를 지니기도 한다. 메소아메리카 전통에서 신은 초월적 존재이기는 하나, 활동 공간이 정해져 있으며 행동에는 제약이 따른다. 신도 자신의 역할을 수행한 뒤에는 에너지를 소비하기 때문에 인간의 봉양이 필요하다.

신과 인간의 관계를 잘 이해할 수 있는 대표적인 영역이 식량 생산이다. 곡식을 발아시키고, 성장·숙성시키는 힘은 오직 신만이 가진 능력이지만, 신은 땅을 직접 경작하지 못하기 때문에 인간의 노동이 뒷받침되어야 한다. 하지만 식물을 길러내는 땅심에는 죽은 이들의 조력이 더해져야 한다. 그러므로 농경 생산은 신, 살아 있는 인간, 죽은 자의 공동 작업이며, 수확은 참여자 모두에게 분배되어야 한다.

제7장에서는 '신성한 시간과 공간'에 관해 다룬다. 로뻬스 아우스띤은 에꾸메노의 시간-공간과 안에꾸메노의 시간-공간 사이에 존재하는 개념의 차이는 단순히 양적이거나 위치적이거나 시차적인 것이 아니라 질적인 것이라고 주장한다. 상반되는 것들의 대립으로부터 시공간이 존재하게 된다는 생각에서 출발하면 서로 다른 속성을 가진 시간과 공간이 있음을 알 수 있다. 즉, 신화적인 차원에서 두 개의 큰 범주로 나눌 수 있다. '과정적(過程的, procesual)' 시간-공간과 '경계적(境界的, limitáneo)' 시간-공간이다. 서로 이질적인 신적 존재들의 조합을 통한 우주적 진화는 다양한 모험 속에서 신화적 방식으로 서술된다. 그리고 이 모험들 속에서는 신들이 어쩌다 과정적 시공간 속에 놓이게 되었는지, 어떤 과정을 거쳐 삶과 죽음이라는 순환 속으로의 편입이라는 운명을 걸머지게 되었는지를 설명한다.

로뻬스 아우스띤은 '인격화된 시간'에 관해서도 언급하는데, 시간은 분열하고 융합하는 신적 권능 덕분에 일련의 순환 속에서 각각의 개별성을 한데 모아 조립하거나 원상으로 복원시키는 인격화된 개체들의 총체다. 시간은 순서대로 세상을 지나가기 위해 서로 "손을 잡는다". 이렇게 인간은 자기 자신이라는 연합체와 평행하는 다른 연합체들에 둘러싸이게 되며, 이 연합체들과 영원히 상호 존중하는 관계를 수립해 나간다.

로뻬스 아우스띤은 학문이 의문의 여지가 없는 진리의 총체가 아니라 적절한 규범 내에서 고유의 방법으로 다양한 근거를 제시하는 온갖 제안의 변증법적 유희로서, 이런 특성은 끊임없이 논쟁거리를 제공하기 마련이며 그 과정을 통해 수정되기도 하고 지식 체계를 더욱 유효하게 만들기도 하기 때문에 메소아메리카 학문 분야에서도 건강하고 활기찬 토론의 장이 유지되고 있다고 주장한다.

제8장에서 로뻬스 아우스띤은 우주가 거대한 기계장치와 같은 것으로, 그 안에서 다양한 신, 힘, 피조물이 배분되어 조직화하고 작용하며, 안에꾸메노와 에꾸메노 사이의 흐름이 질서정연하게 이루어진다고 주장한다. 다양한 힘과 신이 안에꾸메노뿐만이 아니라 에꾸메노를 점유하기 때문에 가벼운 물질과 무거운 물질로 이루어진 피조물은 꿈이나 환각 상태에서 그 문들을 통해 자신의 가벼운 물질을 보낼 수 있다. 때때로, 우연히, 징벌로, 포상으로, 또는 인간에게 메시지를 전하기 위해 신들은 인간을 자신들의 거주지로 데려간다.

로뻬스 아우스띤에 따르면 우주는 시간과 공간을 배분하는 장치라고 할 수 있다. 우주는 위쪽으로 13개 층, 아래쪽으로 9개 층이 있는데, 시간은 두 개의 횡축을 교대로 이용하면서 이들 층을 통해 흐른다. 마야인들은 이 세상이 인간계, 천상계, 지하계로 이루어져 있고, 이들은 다시 하나의 구조를 이룬다고 생각했다.

또한 신은 자신들을 닮은 자연적이거나 인공적인 껍데기로 몸을 감싸고 있다. 신은 자신의 형태를 재현하는 나무와 돌을 차지하거나 인공적인 이미지 속으로 들어갈 수 있는데, 인간은 신을 가까이 두기 위해 신의 이미지와 더불어 신을 가져온다. 안에꾸메노적인 신과 이미지 속에 들어 있는 그 신의 몫 사이에는 신자들이 신에게 보내는 메시지와 신이 말이나 행위를 통해 신자들에게 주는 답을 전달하는 어떤 연결고리가 존재한다. 인간은, 인간이나 신 사이의 소통로가 될 수 있고, 지상에 있는 신들의 대표자 또는 희생제의에 올릴 희생자의 몸이 될 수 있다. 희생제의에서 제물이 되는 인간을 죽이는 행위는 인간 내부의 신을 죽이는 것으로, 어느 의례에서는 그 신이 원기를 회복해 에꾸메노에서 다시 태어나게 해준다.

이 책의 결론에 해당하는 「그만하면 되었다」에서 로뻬스 아우스띤은 타 문화에 대한 편견과 편협성을 인식할 필요가 있다고 생각해 50여 년 전부터 연구를 시작했다고 밝혔다. 그는 메소아메리카 문화가 다채로운 조각들로 이루어진 일종의 모자이크임을 인정하고 타 문화의 다양성을 인정해야 한다고 말한다. 그런 의미에서 현재 가난으로 고통받는 멕시코 원주민의 상황에 가슴 아파하며 여전히 식민주의적 사고에 함몰되어 있는 멕시코인의 비뚤어진 의식을 비판한다. 로뻬스 아우스띤은 원주민의 정체성과 생존권을 인정해야 한다고 언급하면서 그들의 미래를 응원한다.

원주민은 자기 운명의 주인이 될 자격이 있고 자신의 의지에 따라, 자신의 꿈에 기반해 자신의 미래를 건설할 자격이 있다.

이 책은 메소아메리카의 역사, 문화, 신화를 포괄하는 전통뿐만 아니라 각 장에서 다루는 다양한 테마에 관한 로뻬스 아우스띤의 예리하고 독창적인 관점과 분석, 이를 종합하는 능력, 분석과 종합한 바를 전달하는 기술, 그 기술이 제공하는 정보에서 타의 추종을 불허한다. 특히 책에 수록된 역사와 문화에 관련된 수많은 사진, 그림, 도해, 문양, 사료 및 본문에 관한 주석과 해설 등은 이 책의 가치와 의미를 충분히 증명하고도 남는다. 한국에 최초로 소개되는 메소아메리카 전통의 '꼬스모비시온'의 결정판이라고 할 수 있는 이 책이 제공하는 지식과 방법론은 다른 학문 분야에도 직간접적으로 폭넓게 적용할 수 있기 때문에 한국에서 메소아메리카학을 공부하는 학자들뿐만 아니라 사회, 문화, 종교, 예술, 역사, 철학, 인류학 등을 다양하게 탐색하는 학자, 연구자, 독자에게도 필독서로서 손색이 없다고 생각한다.

앞서 언급했듯 원서 *La cosmovisión de la tradición mesoamericana*(전 3권)에는 수많은 주석, 해설, 이미지가 실려 있는데, 번역자들은 본문을 이해하는 데 반드시 필요한 것만 취사선택하고, 또 원서에는 실려 있지 않지만 한국의 독자들이 본문을 이해하는 데 필요하다고 생각되는 용어 등에 주석과 해설을 달았다. 그러나 책의 성격상 원주와 역주를 구분하지는 않았다.

이 책에서 다루는 내용이 워낙 낯설고 난해해 번역하는 과정은 그야말로 고뇌와 과로의 연속이었다. 각종 문헌을 참조하고, 인터넷의 바다를 항해하면서 원서의 의미를 한국어로 정확하게 옮기려 했으나 많은 부분에서 부족한 점이 있을 것이다. 메소아메리카 고유의 시대적·공간적 상황과 맥락을 충분히 반영하는 번역어를 찾는 것도 난해한 작업이었는데, 적확한 번역어를 찾아내지 못한 경우에는, 내용을 이해하는 데 적합하다고 판단되는 용어를 적용했다. 또한 메소아메리카 특유의 문화 용어의 발음을 한글로 표기하는 것 또한 쉽지 않은 일이었다. 거의 대부분은 원어의 발음을 충실히 반영하려고 했지만, 메소아메리카를 구성하는 언어·문화가 워낙 다양하기 때문에 음가(音價)가 완벽하게 통일되어 있지 않은 것, 세월이 흐르면서 음가가 변화된 것, 또 고대 사료가 각기 다른 시대에 각기 다른 역사가 또는 작가와 번역가에 의해 에스파냐어로 옮겨지는 과정에서 다양하게 첨삭되거나 각색됨으로써 원래의 음가를 파악하기 어려운 것이 있기 때문에, 우리는 나름의 표기 원칙을 정해 표기했다.

현재까지 한국에 소개된 메소아메리카의 역사와 전통, '꼬스모비시온'은 간헐적이고, 피상적이고, 파편적이었다. 이 책이 지닌 의미와 가치가 번역의 회로를 통과하면서 다소간 훼손되었을 수도 있으나, 메소아메리카 전통의 '꼬스모비시온'에 관한 깊고 넓은 전문 지식을 한국에 '총체적'으로 소개할 기회를 갖게 된 것만으로도 의미가 있다고 생각하며 일독을 권한다.

조구호

차례

제1장
꼬스모비시온에 관해

1. 개인과 사회

개인의 가치를 집단 고유의 가치와 대비시키는 경향이 있다. 이는 개인의 권리와 이익, 집단의 권리와 이익이 양립할 수 없는 경우가 자주 발생하기 때문이다. 이 같은 대립으로 인해 자주 개인적 개념과 사회적 개념을 상반된 것으로, 심지어는 적대적인 것으로 잘못 추론하게 된다. 이 같은 평가는 우리 인간의 고유한 본성에 대한 이해를 왜곡한다. 개인이 온전하게 고립 상태로 존재하는 것은 가능하지도 않고, 사회 역시 가장 높은 열망의 달성 가능성을 사회 안에서 찾는 개인들로 구성되기 때문이다. "인간은 정치적 동물이다"라는 아리스토텔레스(Aristoteles)의 경구는 우리 인간의 조건에 가장 정확하게 조응한다. 인간의 삶은 단 하나의 예외도 없이 사회라는 영역과 연결되어 있고, 우리 개개인이 지닌 변화시키는 능력은 우리의 열망을 최대한 실현하기 위해 그 영역을 영속적으로 변형하는 경향을 띤다.

우리 인간 종의 형성은 사회생활의 결과라는 사실을 이해할 필요가 있다. 우리의 조상인 영장류는 일찍이 군집생활을 했는데, 군집은 우리 인간을 현재의 모습으로 진화시키는 데 필수 불가결한 요소였다. 다른 인간과의 관계, 집단행동의 질서를 세우고 이끄는 데 필요한 의사소통, 생존에 필요한 자원을 획득하고 집단을 방어하기 위해 구성원 각자에게 부여되는 가치, 집단기억을 위한 다양한 메커니즘, 식량을 획득하기 위한 기술의 점진적인 완성은, 수많은 다른 요소와 더불어 우리의 해부학적·생리학적 변화의 틀을 짜갔고, 그 변화와 더불어 특별한 사고 체계 형성에 필요한 변화를 가능하게 했다. 이는 개인이 고립되어 있었더라면 불가능했을 것이다. 군집 생활 자체는 계속 변화했는데, 인간 종에 의해 성취된 정신적인 능력이 매번 더 결정적으로 (그리고 더 빠른 속도로) 그 과정에 개입했다. 그렇게 개인과 공동체의 열망을 충족하려는 의지는 사회생활의 형태를 영속적으로 만들어왔고, 그렇게 개인과 사회가 서로 적응하기 위한 지속적인 실험이 세계의 역사가 되었다.

2. 소통과 집단기억

인간 종의 보호 영역인 사회는, 일반적인 수요뿐만 아니라 특별한 수요를 충족하기 위한 활동을 조정함으로써 집단이 형성되고 재형성되는 영역이다. 이런 점 때문에 의사소통 체계들과 집단기억의 형성이 필요했다.

의사소통은 사회적 관계들의 토대다. 개인은 기호, 서로 공유하는 의미론적 규범을 사용해 동료에게 신호를 보낸다. 의사소통에는 동료에게 정신적인 활동의 동기를 부여하고자 하는 의도가 있는데, 이 정신적인 활동은 지식, 재능 또는 행위로 연결될 수 있다. 발신자는 자신의 경험에 근거해서 수신자가 자신이 이해하는 것과 아주 유사하게 이해하리라 가정하고, 또 자신의 메시지가 원하는 효과를 유발하기에 충분하다고 믿는다. 이런 관계가 이루어질 때 상호주관성[1]에 관해 언급할 수 있다.

상호주관성은 메시지 수용자에게서 발신자의 정신적 행위와 똑같은 정신적 행위가 일어날 것이라고 가정하지 않는다. 메시지는 의도적인 것이다. 발신자는 자신의 메시지가 수신자에게서 어떤 반응을 유발하기를 바란다. 발신자의 의도는 수신자가 납득하게 하고, 속이고, 유혹하는 것 등이 될 수 있다. 의사소통의 가능성과 효율성은 다변적이기 때문에 메시지의 이해가 매우 다양한 수준으로 이루어진다.[2]

---

1   상호주관성(intersubjectivity)은 두 주관성의 상호작용이다.

2   경험에 바탕을 둔 어느 의사소통 통로의 사용자-구축자 사이에 존재하는 '호환성'은 이들 각자에게 자신이 경험한 정신 행위와 유사한 정신 행위를 다른 사람에게 유발할 수 있다는 확신을 만들어준다. 이는 메시지의 발신자가 자신을 표현하도록 유도하는데, 그 의도는 특정 수신자 또는 복수의 수신자가 자신의 생각, 감정, 기억,

모리츠 에셔의 〈결합의 끈(Bond of Union)〉(1956)

사회적 기원의 다른 여러 과정과 마찬가지로 의사소통 또한 유전되어 무의식적으로 드러나는 육체적인 표현에 유구한 기원을 두고 있다. 이런 표현은 한 집단의 다른 개인들에게 특정한 반응을 유발하는 동기가 된다. 후각적인 반응(어머니와 자식이 서로를 식별하게 해주는 반응 같은 것), 시각적인 반응(육안으로 선명하게 구분할 수 있는 반응, 성적으로 유혹하거나 두려움을 유발하는 외모의 변화 같은 것), 청각적인 반응(아이가 배고프다고 알리는 신호) 등이 있다. 이제 인간 사회에서 이 같은 과정은 임의롭게 개인적인 표현들로 바뀌는데, 이 표현들은 아주 자잘한 사항에서까지 조정되고 아주 날카로운 답변을 유도하는, 대단히 복잡한 것이 될 수 있다.

3. 유전, 문화 그리고 문화적 전통

생물학적 유기체들의 존재는 이 유기체들이 선조로부터 유전을 통해 물려받은 물리적, 생리학적, 형태학적, 생화학적·행동적 특

지각 등을 바꾸도록 어떤 효과를 유발하는 것이고, 그 목적은 기본적으로 수신자로 하여금 발신자가 원하는 특정 행위를 하거나 상황을 조성·생략하도록 유도하는 정신적인 행위를 하게 만드는 것이다. 얻어진 효과는 '명료성'인데, 그 수준은 높거나 낮을 수 있다. 발신자와 수신자 사이에 메시지를 통해 이루어지는 유사성(평행성)을 '상호주관성'이라 명명할 수 있다. 이 유사성이 반드시 정신 활동의 동일성을 의미하지는 않고, 메시지의 결과인 정신적 관계를 의미한다. 예컨대 '나'는 담론을 통해 지시하고, 설명하고, 납득시키고, 감동시키고, 제안할 수 있으나 유도하고, 위협하고, 속이는 등의 행위를 할 수도 있다.

성에 따라 다르다. 이런 유전은 후손이 선조를 복제하고, 변화하는
환경에 적응해 변화하도록 한다.

특히 인간 종처럼 자신의 소통 방식을 발전시켜 온 종에게는 이
유전(주로 행동적 특성의 유전)과 더불어 또 다른 유전이 존재한다. 이
종의 개체들은 유용한 경험을 직접 소통해서 자기 동료에게 전달
한다. 이들은 같은 방식으로 미래의 후손에게 언급한 지식을 전달
하는, 가르침-교육 과정을 만들 수 있다. 이런 식으로 두 유전, 즉
생물학적 유전과 의사소통을 통한 유전은 그 효율성을 강화하기
위해 굳건히 결합할 수 있다. 가장 두드러진 예는 식물 자원을 이
용하는 새로운 기술 또는 변화하는 환경, 특히 먹잇감이 감소하는
상황에서 포식자 종의 개체들이 만든 사냥 기술이다.[3]

인간 종은 놀랄 만한 방식으로 자신의 의사소통 체계들을 발전
시켜 왔는데, 그중에서 언어가 두드러진다.[4] 인간은 상호 관계 덕

---

3   남아메리카 열대 밀림에 광범위하게 분포하는 카푸친원숭이(꼬리감는원숭
    이)는 잡식성인데, 돌을 도구 삼아 딱딱한 야자열매의 껍데기를 깨는 방법을
    습득했다. 어떤 경우에는 다른 강도의 돌들을 선택해 하나는 망치로, 다른 것
    은 모루로 사용했다. 이 지식은 원숭이 집단의 어린 구성원에게 전수된다.
4   언어는 놀랄 만큼 복잡성을 띤다. 현재 그 어떤 언어도 '원시적'이지 않다. 언어
    는 고도의 응집성과 논리를 갖춘 구조물이다. 언어는, 언어를 사용해 서로를 이
    해하고 경제성을 추구하는, 사회적 효율의 제고라는 거대한 필요성에 대한 답
    이다. 언어는 자체의 규범이 지닌 복잡성, 논리성, 응집성에도 불구하고 사용자
    들의 무의식적인 창조물이다. 언어를 사용하는 우리 모두는 언어의 구축자다.
    우리는 언어의 규범을 존중함으로써 언어의 효율성을 인증하고 보존한다. 그런
    데 우리는 그 규범을 위반함으로써 언어가 역사적 사건에 끊임없이 적응하도록
    언어를 혁신한다. 어느 규범을 위반하면, 그 위반이 사회화(공유화)되어 다른 규
    범의 구축을 유도한다. 모든 언어는 높은 응집성을 지닌 역동적인 체계다. 언어

분에 많은 의미론적 다양성을 만들고, 보존하고, 확장시킬 수 있다. 의미론이란 어떤 형식으로든 다양한 의미, 감각, 해석 또는 감정에 의해 상징, 단어, 다른 종류의 표현 또는 표상 사이에 만들어진 관계다. 이는 아주 일반적으로 말하자면, 상호주관성의 과정에서 나타날 수 있는 정신적인 효과다.

인간 집단이 다양한 만큼 의미론적 관계의 형식과 내용도 놀라울 정도로 다양하게 만들어져 왔다. 그렇다고 해서 낯선 타인과의 상호주관성을 허용하는 일부 공통적인 의사소통 수단(자연적이고 의식하지 못하는 신호들을 포함해)이 존재하지 않는 것은 아니다.

각 인간 집단이 사용하는 다양한 의미론적 체계 덕분에 경험, 그리고 그 집단 구성원의 상호 관계에서 요구되는 사회적 구조물들이 보존되며, 바로 그 기억의 자산인 의미론적 체계들은 미래의 구성원에게 적합한 존재 방식을 전달하기 위해 사용된다고 분명하게 말할 수 있다. 우리의 사회적 관계에 의해 만들어지는 기억의 유산은 우리의 분자유전적인 유산과 불가분의 관계로 결합되어 있는데, 기억의 유산은 세상에서 우리를 행동하게 만드는 동력이자 우리의 행동이 물리적 환경 또는 그 속에 존재하는 것(인간이든 아니든)으로부터 형성되는 다양한 변화의 동력이다.

자연의 개념과 문화의 개념이 서로 대립되는 이분법처럼 나타나는 경우를 흔히 볼 수 있다. 하지만 반드시 그렇지는 않다. 우리는 자연이고, 자연 속에서 활동한다. 우리는 행동함으로써 자연

는 오랜 기간에 걸쳐 사용자들에 의해 무의식적으로 구축된 사회적 산물이다.

적·사회적으로 변화한다. 우리의 행위와 더불어 우리는 자연적 영역과 사회적 환경을 바꾼다. 우리의 생물학적 본성은 우리의 기억 유산의 핵심부를 이루는데, 이 유산은 우리 인간 종이 총체적인 환경에 적응하는 것으로 나타난다.[5]

같은 방식으로 우리의 물리적·자연적 영역(우리가 다른 종들과 공유하는 바로 그 영역)은 우리가 행동을 통해 바꾼다고 할지라도, 변함없이 우리 환경의 물질적인 토대다. 인간 종의 생존에 필요한 기본적인 것들(어떤 경우에 우리는 이런 것을 섭생, 재생, 보호물, 건강, 삶의 수호로 철저하게 제한한다)은 계속해서 우리의 주요 요구 사항이 되고 있다. 물론 가끔 사회생활 자체가 그 요구 사항을 흐리게 하고, 가면을 씌우고, 해결할 수 없이 복잡하게, 심지어는 모순적으로 만들기도 한다. '기억하는 사회'에서 이루어지는 행위들이 세상을 바꾼다. 그리고 변화된 세상과 변화를 유발하는 우리의 행동에서 축적된 자산이 그 사회의 '문화'를 구성한다.[6]

스스로 다양하게 변화하고, 여러 가지 변종을 만들어내는 어느 문화의 역사적인 연속성이 바로 '문화적 전통'이다.[7]

---

5   우리의 분자유전학적 유산과 기억의 유산이 불가분의 관계로 결합되어 우리가 하나의 종으로 존재할 수 있게 해준다.

6   우리의 작업은 행동하는 것이고, 세상은 우리의 행동에 의해 바뀐다. 문화는 변화시키는 사회적 행위와 그 행위에 의해 바뀐 세상이 합쳐진 것이다.

7   전통은 사회적으로 창조되고, 공유되고, 이전되고, 수정된 지적 자산으로서, 이 자산은 행위의 표현과 양식으로 이루어진다. 사회 구성원들이 자신들의 삶에서 발생하는 다양한 상황에 대해 개별적 혹은 집단적으로, 정신적이거나 외면화된 방법으로 대처할 때의 생각과 행동 지침이 이 자산 안에서 전개된다. 따

4. 꼬스모비시온의 주요 특징

문화의 거대한 구조물 가운데 하나가 '꼬스모비시온'[8]이다. 꼬스모비시온은 문화의 정신적인 측면이다. 꼬스모비시온은 문화의 이중적인 면모, 즉 구조라는 면모와 구조화 방식이라는 면모에서 나타나기 마련인데, 그 이유는 문화라는 존재 자체가 정신적인 토대 없이는 불가능하기 때문이다. 쉽게 말하자면 꼬스모비시온은 인간의 행동을 만들거나 금지하고, 이끌고, 형성하고, 조건 지우며, 강화하거나 약화하고, 부추기거나 변경하는 다양한 정신 행위로 구성되어 있다고 할 수 있다. 이런 행위는 감각, 지각, 감정, 사고(개념, 판단, 논리, 신념 등을 포함해), 이미지, 기억, 의도다. 호세 루이스 디아스[9]에 따르면 이 모든 행위는 연쇄적으로 일어난다.[10]

라서 전통은 세대에서 세대로 전해지는 사회적 표현들의 구체화·균일화된 단순한 총체가 아니라, 한 사회가 그 어떤 상황에도 지적으로 응답하기 위해 소유하는 고유의 형식이다. 이런 이유로 우리는 각 세대의 유산을, 삶의 새로운 조건에 적응시키는, 그 끊임없는 창조 과정에서 발생한 새로운 역사적 상황들 앞에서 바뀌어간 역동적인 자산으로서 전통을 이해해야 한다. 문화는 스스로 변화하고 변종을 생산하면서 역사적으로 지속됨으로써 문화적 전통을 이룬다.

8   이 책의 저자 로뻬스 아우스띤(López Austin)이 규정한 메소아메리카 전통의 '꼬스모비시온(cosmovisión)'은 흔히 '세계관(世界觀)'이라고 불리는 개념에 우주론(cosmology)과 우주 기원론(cosmogony)을 포함한 것이다. 한마디로 말해 '꼬스모비시온'은 '메소아메리카적 세계관'이라고 할 수 있을 것이다.

9   호세 루이스 디아스(José Luis Díaz)는 멕시코의 의사, 의철학자, 과학사 교수다.

10 의식(意識)의 역동적인 작용을 정의하는 특정한 정신 행위는 일곱 가지, 즉 '감각, 지각, 감정, 사고(개념, 판단, 논리, 신념을 포함한다), 이미지, 기억, 의도'다. "정신 행위는 일반적으로 인과의 연쇄로 일어나기 때문에 그 현상학적인 차

정신적인 생산은 개인적인 실체의 뇌에 집중된 기능이다. 집단적인 뇌는 존재하지 않는다. 그럼에도 인간의 정신적인 생산은 사회적 관계에 따라 전적으로 좌우되는데, 특히 의사소통에서 비롯된 상호주관성의 과정에 의해 좌우된다. 꼬스모비시온이 정신적인 행위를 하는 각각의 개인이 지닌 기능의 결과가 아니라, 사회적 생산물로서 연구되어야 하는 이유는 바로 그 때문이다. 다시 말하자면, 개인과 사회 사이에 있다고 추정되는 개념적인 대립은 없다.

이런 이유 때문에 꼬스모비시온은 우선적으로, 어떤 사회적 실체가 생산한 정신 행위들의 집단적인 그물(網)로 이해되어야 한다.[11]

5. 꼬스모비시온을 형성하는 그물망

사회적 실체들은 지속적으로 소통을 유지한다. 이 실체들에 속하는 개인들은 영원히 상호작용을 필요로 한다. 그들은 동료들에게서 우호적이라고 생각되는 반응을 이끌어내기 위해 동료들과 관계를 맺으려고 한다. 그들의 메시지는 첫 번째 접촉에서 끝나지 않고, 일단 발신되고 수신되면, 메시지가 작동하는 환경에서 새로

이와 정신 행위의 명확한 조정 과정에도 불구하고 서로가 서로를 발생시킨다. 예를 들어 하나의 감각은 하나의 감정을 불러일으키고, 이 감정은 사고와 이미지를 불러일으키고, 마침내 이 사고와 이미지가 행동하기 위한 의도를 촉발한다."

11 체계적인 그물망 형태로 이루어지는 사회적인 상호 관계에 의해 생성된 문화의 정신적 측면이 그 사회의 꼬스모비시온이다.

운 연결을 촉발한다. 이는 우리 삶의 일부 영역에서 메시지가 빠르게 퍼져나가는 것과 더불어 쉽게 예증될 수 있다. 농담과 험담이 그 예인데, 우리는 이것이 확산되는 것을 '요원의 불길' 같다고 재미있게 표현한다.

예를 들어 우리는 복잡한 기술적 문제를 해결하려고 시도하다가 새로운 해결책을 고안해 낸 어느 목수를 생각할 수 있다. 그는 자신이 찾아낸 해결책을 곧바로 어느 동료와 공유하고 이 동료는 그것을 다른 동료에게 전달한다. 그 동료가 또 다른 동료에게 전달함으로써 혁신이 동업자들에게 유포된다. 그러나 그 어떤 목수도 오직 목수일 수만은 없다. 배우자일 수도, 가장일 수도, 공놀이를 하는 사람일 수도, 연극을 좋아하는 사람일 수도, 어떤 종교 단체의 구성원일 수도 있고, 각각의 집단에는 직접적으로 또는 유사하게 다른 활동 분야에 적용 가능한 혁신에 귀를 기울이는 사람이 있을 수 있다. 이 메시지와 그 효과는 특정 대중과 연계되는데, 이 대중은 자신이 인지하지 못한 상태에서 어느 동일한 대상과 포괄적으로 관련된 사회적 합의(또는 의견 불일치)의 조직망을 이룬다.

이제 어느 사회적 실체에서 일상적으로 생산되는(그리고 보존되는) 이런 유형의 그물이 과도하게 증대되는 것을 상상해 보자. 결과적으로 상호주관성의 촘촘한 그물이 만들어지며, 이 그물은 앞서 언급한 사회적 실체 고유의 역사적 산물로서 그 실체의 독특한 형태를 구성한다. 여기서 이 그물의 중요하기 이를 데 없는 세 가지 특성을 알 필요가 있다. 첫째, 그물은 그 집단의 모든 구성원과 각각의 구성원이 만들어낸 것이다. 둘째, 구성원들이 의식하거나 의식하지 못하는 행위에 따라 짜이지만, 누구도, 혹은 거의 아무도 그것이 만들어지는 것을 의식하지 못한다. 셋째, 이 그물의 짜임은 영구적으로 이루어지기 때문에 그 속성이 항상 가변적이다.

간단히 말해서, 의사소통에는 두 가지 흥미로운 과정이 있다. 보급 과정과 변화 과정이다. 변화 과정은 메시지들이 불변 상태로 있기 때문이 아니라 발신자들의 다양성에 의해, 그리고 발신의 고유한 맥락에 의해 사회적으로 전파되면서 그 메시지가 끊임없이 변형되기 때문에 이루어진다.[12] 메시지는 변형 과정 동안 다양한 통로를 만들며, 그중에서 두드러지는 것은 추상화의 통로, 구체화의 통로, 체계화의 통로다. 이 통로들에 관해서는 곧이어 살펴보겠다.

6. 추상화

정신적 표상들은 추상화 과정을 통해 필수 불가결한 최소 단위로 점차 축소되는데, 이 최소 단위는 정신적 표상들이 변화하는 적용 수준과 관련이 있다. 단순하게 말해, 우리가 삶에서 어떤 일을 겪을 때 일어나는 일에 대해 생각해 보자. 우리는 우리의 감각이 포착하는 그 일의 인상을 받아들인다. 하지만 우리의 뇌리에는 해당 기억의 최소 부분만이 남고, 나머지는 인지되지 않은 채 지나간

---

12 사회적 그물망은 메시지가 각각의 전달 과정에서 변해가는 것과는 무관하게 소통의 확산을 통해 형성되어 간다. 이 과정은 점점 더 이질적인 메시지 사용자들을 포함하고, 빈번하게 메시지를 점진적으로 추상화하며 원래의 메시지와는 다른 생각이나 행위의 영역으로 이전시킨다.

다. 우리가 삶에서 겪은 일을 회고할 때 대부분은 축소되고, 그 일을 말로 표현하려고 마음속으로 구성할 때마다 선택과 적용이 계속된다. 삶에서 겪는 일을 모두 말로 표현할 수 없다. 그러기 위해서는 우리의 기억이 헤아릴 수 없는 양의 부호화장치, 저장장치, 기억복원장치를 필요로 할 것이고, 기호학적 자원은 거의 무한대가 되어야 할 것이다. 그래서 우리는 추상화를 한다. 즉, 어떤 정보를 축약해서 가장 중요한 특징만, 우리에게 합당한 것만, 의미가 있는 것만, 우리의 의사소통에 적합하다고 판단하는 것만 남긴다.

메시지가 일단 발화되면, 그 메시지는 다른 많은 메시지가 합쳐지는 복잡한 조직에 침투해 가면서 추상화가 지속된다. 앞에서 언급한 목수가 창안한 혁신적인 발상은, 목공업에 적용할 때의 중요성보다 그 자체로 훨씬 더 가치 있는 것이다. 메시지의 다른 수신자들에게 해당 메시지의 가치는 목공업이 아니라 유사한 업종들에 그 기술을 적용하는 데 있다. 다른 사람들은 기술 자체가 아니라 그 기술의 토대에서 효용성을 찾을 것이다. 그렇듯 다양한 기준에 따라 다양한 목적으로, 다양한 측면에서, 각기 다른 종류의 추상화가 일어날 것이다. 각각의 추상화를 위해 적절한 특징들이 선택되고 나머지는 버려질 것이다.[13]

---

13 추상화는 일상적인 실천으로부터 이루어지지만, 결국에는 실천을 위한 전형과 규범을 만든다. 이런 식으로, 꼬스모비시온은 영구히 변화한다. 꼬스모비시온의 예로 도덕이나 법을 들 수가 있는데, 이 둘은 실천을 이끌기 위해 실천으로부터 생긴 것이다.

7. 구체화

추상화는 철학적인 면모를 지녔음에도 그 목적은 대단히 실용적이다. 이는 구체적인 한 사례를, 원천 사례와 유사한 유형의 무수한 다른 사례에 적용하는 과정이다. 아주 단순하게 애정 관계의 영역에서 그 예를 들어보겠다. 서로 사랑하는 남녀 사이에 갈등이 생겼을 때 여자에 대한 남자의 특정 행위가 여자를 진정시키고 화해를 도모하게 되면 긍정적인 것이 된다. 물론 그 남녀의 이야기에서 그와 똑같은 상황은 결코 반복되지 않을 것이다. 그러나 다른 유사한 사례가 많을 것인데, 그런 경우에 남자는 바로 그 연인(또는 다른 연인)에게 그 경험을 적용할 수 있을 것이다. 한편 사랑에 빠진 다른 남자가 그 남자의 경험에 대해 알게 되면, 그것을 자신의 이익을 위해 적용할 것이다. 혹은 어떤 유사한 행위가, 애정에 관한 것이든 아니든 간에 다른 상황에서 시도될 수 있을 것이다. 이는 발생 가능한 수많은 유사 사례에도 그 경험을 적용하기 위해 다양한 수준으로 추상화할 수 있다는 것이다.

앞에서 든 사례가 하찮아 보일지라도 그 메커니즘은 명백하다. 꼬스모비시온에서는 '일반적인 것-추상적인 것'과 '특별한 것-구체적인 것' 사이에 '간만(干滿)' 작용이 기본적으로 이루어진다. 더도 말고 덜도 말고, 이 양자 사이의 왕래를 전제하는 적용 과정에서 비롯된 인간의 경험을 이용하는 메커니즘이다. 즉, 실제적인 경험에서 교훈이 나온다는 것이다. 이런 추상화된 교훈을 다른 것에 적용할 수 있는데, 그 이유는 교훈이 추상화의 일반적인 수준에서 구체적인 사례(사례들 사이에는 각기 다른 유사 수준이 보존되어 있다)를 향해 내려오기 때문이다.

8. 체계화

사회적 그물망은 (앞서 살펴보았듯이) 어느 사회적 실체에서 개인들 사이의 상호 관계를 통해 만들어지는, 활발한 정신 활동의 대단히 복합적인 총체다.

역동적인 사회적 그물망 안에서 요소들은 '간만' 작용 덕분에 군집할 뿐만 아니라 조직화된다. 모든 사회적 관계가 똑같이 중요하지는 않다. '간조와 만조'를 이루는 흐름들은 사회생활에서 이 흐름 각각이 지닌 다양한 무게에 의해 서로 구분되고, 가장 가벼운 흐름의 질서를 세우는 일종의 골격이 된다. 이렇게 체계가 만들어진다. 두 개인 사이의 관계는 구조와 응집성을 필요로 하며, 그 사회적 그물망의 추세와 총체는 고유의 구조와 응집성을 획득한다. 따라서 어떤 사회적 논리에 관해 언급할 수 있는데, 특정 그물망의 법칙과 계급은 그 그물망에 적합한 응집성과 의미를 부여하며, 그렇기 때문에 그 복합체를 구성하는 요소들의 단순한 총합과는 다르다는 것이다. 이는 한 문장으로 요약된다. "사회적 그물망은 거시체계다."

사회적 그물망은 어떻게 구조와 응집성을 갖게 되는가? 구조와 응집성 양자의 거시체계를 구성하는 모든 단계는 의사소통에서 필수적이다. 사회적 그물망이 대화적인 방식을 바탕으로 구성된다고 간단히 생각해 보자. 사회적 그물망은 언어적 체계든, 제스처 체계든, 도상적 체계든 간에 의사소통의 규범적 형식으로서 각 개인 사이에 이루어지는 대화 덕분에 체계화된다. 다시 말해 구조는 체계들의 영역에서 만들어지고, 일상생활에서 이 체계들을 사용함으로써 체계들의 연계와 계급화가 완성되어 간다. 우리는 왜 의사소통 체계를 통해 소통하면서, 매일 새로운 표현 방법을 만들어 내지 않는가? 그런 새로운 표현 방법을 만들어내는 것이 거의 불가능하기 때문이다. 그렇게 하기 위해서는 기존의 사회적 경험을 이용하는, 더 쉽고 경제적이며 효율적인 방법이 반드시 필요하다. 이 방법은 고등동물 종의 생리학적 특성에서 파생한 것인데, 고등동물 종은 유사한 상황이 생길 때마다 그 해결책을 반복적으로 사용하기 위해 최선의 해결책, 자신들 사이에 호환이 가장 잘되는 해결책을 찾기로 결정한다. 우리는 우리의 유전적이고 사회적인 유산을 통해 응집성을 갖는 존재다. 그리고 사회적 관계들은 이 초기 단계들을 넘어 현존하는 제도와 체계들 가운데 더 큰 것들을 통합해 나가는데, 이러한 제도와 체계의 예는 각각의 아주 다양한 생산기술, 윤리, 상업, 법, 정치, 종교, 신화 또는 다양한 예술이다. 총체적인 그물망, 다시 말해 꼬스모비시온은 단순히 또 하나의 다른 체계가 아니라 전체론적 그물망, 즉 체계들이 질서화되고 계급화되어 총체적으로 부가된 것이다. 전체론적 그물망은 자체의 동력, 구조, 원칙, 응집성을 가진 것으로서, 단순한 총합이 아니다.

이 절을 끝내기 전에 중요한 사항 두 가지를 밝힐 필요가 있다. 첫째로, 체계의 응집성은 매우 크지만 절대적이지 않다는 것이다.

완벽성은 체계를 경직된 것, 존재하지 않는 어떤 것으로 만들어버릴 것이다. 이 응집성은 체계의 영원한 샘이 체계에 주입한 동력에서 파생한 것이다. 두 번째로 이 체계가 구성원들 각자에게 세계에 대한 일치된 개념을 만들어주지는 않는다. 꼬스모비시온은 조직화하되 획일화하지 않는다. 그래서 꼬스모비시온은 사회적 실체를 구성하는 다양한 개념에 관해 개인들이 소통할 때 고도의 이해력을 제공한다. 이런 소통은 유용한데, 더 정확히 말하자면 사회적 갈등과 모순을 표출하는 여러 대립의 맥락만큼 유용하다.

9. 변화의 주기

꼬스모비시온은 사회적 생산물이다. 왜냐하면 꼬스모비시온을 구성하는 그물망은 어느 사회적 실체의 역사적 사건에서 파생되기 때문이다. 그러나 더 나아가 꼬스모비시온은 사회적 사실이고, 모든 사실처럼(사회적이든 아니든) 역사와 엮여 있다. 꼬스모비시온은 영원히 변화하는 역사적이고 역동적인 사실이다. 이것은 또한, 꼬스모비시온이 사회적 실체의 모든 역사에서 동일하지는 않다는 사실을 의미한다. 그 효력은 바뀌어간다.[14]

---

14 에밀 뒤르켐(Émile Durkheim)은 사회적 사실은 "각 개인과 무관하게 사회적으로 행위하고, 사고하고, 느끼는 방식이며, 사회적 사실은 어떤 결속력을 가지는데, 그 결속력 덕분에 우위를 점한다"라고 정의했다. 그는 사회적 사실이 과학적인 방법으로 관측이 가능하고 검증될 수 있다는 견해를 밝히면서, 경험

프랑스의 저명 역사가 페르낭 브로델(Fernand Braudel)은 역사적 과정의 연대기적 현실을 연구함으로써 사회가 어떻게 변화의 다양한 주기를 갖게 되는지 보여주었다. 예를 들어 아주 짧은 시간에 일어나는 사건들이 있는데, 이 사건들은 아주 **빠르게** 발생해 짧은 기간 나타났다가 사라진다. 반면에 다른 사건들은 훨씬 더 폭넓은 주기로 발생하는데, 경제적인 주기 같은 것은 10년 단위로 측정되고 분석될 수 있다. 또 다른 사건들은 100년 단위, 심지어는 1000년 단위로 역사에 자리 잡게 되는데, 이는 종교적인 믿음의 핵심 도그마에서 관찰 가능하다. 이를 통해 우리는 영원히(가끔은 아주 어렵게) 재배치되는 역사적인 시간을 일종의 '차이들의 복합체'로 이해할 수 있게 된다.

　　꼬스모비시온을 연구하기 위해서는 이 역동적인 변화들을 필수적으로 이해해야 한다. 꼬스모비시온은 겉으로는 정적인 것처럼 보이는 근본적인 과정부터 가장 하찮고 일시적인 과정까지 포함한다. 단순히 지속성의 문제만이 아니다. 즉, 더 지속적인 요소들이 강력한 결정인자로서 덜 견고한 요소에 침투하며, 그런 식으로 계속 침

에 의해 관찰이 가능하고 증명이 가능하다는 사회적 사실의 특징을 통해 사회적 사실을 연구하자고 제안했다. 마르셀 모스(Marcel Mauss)는 특별히 자신이 '총체적인 사회적 사실'이라고 부르는 것을 통해 다양한 현실을 총체적으로 바라보려고 시도했다. 이 총체적인 사회적 사실은 경제적·종교적 또는 법률적 차원을 내포하는데, 이 세 가지 면모가 하나로 환원될 수는 없다. 안토니오 그람시(Antonio Gramsci)는 이데올로기를 세계에 대한 개념이라고 생각했으나 이는 관점이라는 의미에서뿐만 아니라 행동과 실천(praxis)이라는 의미에서 그렇게 생각한 것이다.

투함으로써 마침내 아주 허약한 요소에 도달했다가 약간의 역사적인 변화만으로 쉽게 사라져버린다. 대단히 추상적으로 설정된 어떤 근본적인 윤리 원칙을 생각해 보자. 이 계율은 상당수의 행위와 생각에 다양한 방식으로 침투한다. 이는 우리가 사회적 그물망을 단순한 요소들의 집합이 아니라 거시적인 변화 안에서 미시적인 변화를 만들어가는, 진정한 구조로 보게 하는 이유 가운데 하나다.

꼬스모비시온의 근본적인 부분을 '핵심'(이것의 경계는 모호하다)이라 부를 수 있다.[15] '핵심'은 체계의 구성 요소들을 조직화하는 역할을 하면서 혁신을 조정하고, 요소들이 약화 또는 와해·손실되었을 때 체계를 복원하는 역할을 한다. 그럼에도 이 견고함이 부동(不動)을 의미하지는 않는다. 모든 역사적인 것이 그렇듯 이 부동성 역시, 변화가 거대한 시간을 필요로 한다 할지라도 변화에 종속되어 있다.

10. 사회적 실체의 규모

꼬스모비시온을 구축하고 사용하는 개인들의 총체는 규모가 어느 정도일까? 사회적 실체의 크기는 상대적이다. 사회적 실체는 닫혀 있는 체계라고도, 정확한 규모를 지닌 체계라고도 할 수 없다. 일반적으로 사회적 실체들은 다른 실체들을 포함하고, 보다 큰 사

---

15 로뻬스 아우스띤은 '핵심(核心: núcleo duro)'을 특정 꼬스모비시온을 구성하는 요소들의 집합이라고 이해한다. 핵심은 역사적인 변화에 강력하게 저항하고 꼬스모비시온의 나머지 부분을 구성하며, 꼬스모비시온에 의미를 부여한다.

회적 실체의 일부가 된다. 사회적 실체들은 하위 집단들이나 서로 겹쳐진 집단들로서, 서로 관계를 맺을 수 있다. 일시적이거나 오래 존속할 수 있다. 일반화된 상호 관계나 구체적이고 특별한 상호 관계를 맺을 수 있다. 이로 인해 한쪽이 다른 한쪽을 포함하든, 서로 교차하든 간에 다양한 규모의 하위체계가 존재하게 된다.[16]

이런 식으로, 우리는 메소아메리카의 어떤 꼬스모비시온을 생각할 수 있다. 하지만 메소아메리카의 꼬스모비시온은 사뽀떼까(Zapoteca), 마야(Maya), 오또미(Otomi) 등 다른 꼬스모비시온까지도 포함 가능하다. 이 꼬스모비시온 각각은 다른 지역의 꼬스모비시온 또는 시대적으로 다른 꼬스모비시온 등을 포함할 수 있다. 사회적 실체는 사회적으로 결합된 개인들의 수적인 규모에 따라 다른데, 그 개인들의 관계에는 주관성이 교차한다.

_ 조구호 옮김

---

16 꼬스모비시온은 인간 개인의 생물학적 몸에서 이루어지는 정신적인 행위가 만들어내는 역동적인 사건이다. 꼬스모비시온은 총체적인 체계의 그물망에서 각 요소가 적어도 다른 요소, 그리고 모든 요소와 결합하는 복합체다. 사회적 그물망은 역사적 사건의 변화 가능한 산물이고, 따라서 그 유효성은 항상 제한적이다.

제2장
문화적 단일성과 다양성

1. 우리의 현실을 제약하는 요소

우리의 정신 활동 하나하나는 그것이 아무리 소소하다 할지라도, 우리의 생리학적, 유전학적·문화적 이중 유전, 현재의 환경, 경험, 개인의 기억 등과 같은 다양한 요소의 결합으로 이루어진다. 이 요소들은 어느 한 지점에서 만나 삶에서 두 번 다시 되풀이할 수 없는 유일한 행동이 된다. 이것이 의미하는 중요성을 생각해 보자. 두 개인이 각자의 누적된 정신 활동의 결과물에서 서로 일치할 가능성은 없다. 더 나아가 살아생전 두 번의 다른 순간에 자신의 모습과 똑같이 일치하는 개인도 없다. 이 점에 대해 기원전 5세기 초 현인 헤라클레이토스[1]는 다음과 같이 말했다. "우리가 같은

---

1 헤라클레이토스(Heráclito de Éfeso)는 고대 그리스의 철학자로, '생성, 변화'를 중요시했다.

강에 들어가지만 실은 똑같은 강물에 들어가는 것이 아니다. (왜냐하면) 우리는 존재하지만 실은 (똑같은 자신이) 존재하는 것은 아니기 때문이다".

헤라클레이토스의 말은 존재하는 현실과 살아가는 현실에 대한 개인적인 인식 방법에 대해 생각해 보게 한다. 인간 고유의 현실 인식 방법과 고등동물 종 고유의 현실 인식 방법에 대해서 말이다. 우리는 세상에 존재함으로써 세상을 알게 된다. 그러나 우리가 세상에 존재함으로써 세상을 알게 되기 때문에 우리가 식별하는 것은 우리의 접근 경로, 방식, 내용, 정도를 결정하는 요소들에 의해 제한된다. 우리가 인식하는 생물학적 요소 중 일부는 상당히 많은 종에게도 공통적인 요소다. 그리고 어떤 것들은 인간만의 특별한 요소이지만, 다른 더 많은 요소는 우리 서식지의 환경적 다양성 혹은 사회적 전통, 우리의 개인적 특성 등에서 비롯된다. 혹은 헤라클레이토스가 생각했듯이, 우리는 변화하는 개별적 존재이기 때문에 우리가 세상에서 살아가는 어느 시점에서 비롯된다.

그렇다면 세상에서 안다는 것, 느낀다는 것 혹은 행동한다는 것은 무엇을 의미하는가? 그것은 우리가 현실의 제약 요소들을 가장 일반적인 제약 요소에서부터 개인적이고 일시적인 것까지 세상과 연결하는 것이다. 현실을 제약하는 이 요소들이 우리 존재의 일부를 구성하기 때문에 다른 접근 방법은 없다. 이 모든 요소가 우리 현실 세계를 결정하며, 그것이 우리 세계의 현실이다. 우리는 세상과 하나이고, 세상 속에서 행동하며, 세상의 존재물로 서로 사회적인 관계를 맺고 있다.

2. 단일성과 다양성

끊임없이 변화하는 개인에 대한 헤라클레이토스적인 심오한 생각은 잠시 뒤로하고 개인 사이에 존재하는 다양성의 관점에 집중해 보자. 각 개인은 그가 사는 세계에서 인식하고 사고하고 행동하는 방법에서 배타적인 특성을 띤다. 이와 동시에 우리는 서로 너무 비슷해서 어느 한 사람이 다른 사람을 이해하는 것이 전혀 불가능하지 않다고 말할 수 있다.

앞의 내용을 평가하기 위해 어머니에 대한 사랑 같은 아주 보편적인 감정을 예로 들어보자. 이런 감정은 인간뿐 아니라 대다수 다른 동물 종에도 깊이 자리 잡고 있다. 그럼에도 한 개인이 어머니의 사랑을 생각할 때는 복잡한 정신적 연결고리가 생겨난다. 각 개인은 이 감정을 자신의 마음속에서 특별했던 기억(개인적 삶의 시작 순간부터 확고히 자리 잡은 어떤 기억들), 감정(심지어 앞에서 언급한 기억 중에서 파생한 모순적 감정들을 포함해서), 이미지(공유하는 문화 속 개인적 삶에서 얻게 된 이미지들도 빠뜨리지 않는다), 의도(특별한 상황에서 비롯된 의도들), 현재의 인식(까마득한 기억과 연관된 아주 어린 시절의 어떤 후각적 인식을 포함해서), 그리고 지금 잠시 함께 빛났다가 흔적을 남기고 사라질 다른 광범위한 행위들과 연결할 것이다.

이 모든 특수성에도 불구하고 어머니에 대한 사랑은 너무 보편적이어서 우리 모두를 하나로 연결시켜 준다. 각각의 개인적 경우가 빚어내는 다양한 정신적 행위와는 별개로, 그리고 의사소통 과정 중 상호주관성에서 비롯되는 항상 다른 형태의 사랑과도 별개로, 그것은 우리를 특징지어 주는 공통적 지시 대상이다. 앞에서도 살펴보았듯이 상호주관성은 의사소통 과정에서 결코 동일성을 만들어내지 못한다.

감정, 사고 혹은 수치스러운 기억은 결코 드러나지 않는다. 부부인 두 개인 사이에, 혹은 대가족의 두 부부 사이나 한 마을에 사는 두 가족 사이, 한 공동체의 두 마을 사이, 한 지역의 두 공동체 사이 등에서도 완전히 공유할 만한 연결고리는 없다. 놀라운 것은, 나머지 유사성, 제한된 거리에서의 상호주관성, 다양한 시간-공간에서의 사람 간 의사소통은 항상 충분한 정도의 연결성을 만들어내는데, 이로 인해 여러분과 같은 독자는, 언어가 너무 달라서 제대로 번역되었을지는 모르겠지만, 하이쿠[2]의 단순함과 균형미, 지혜에 대해 깊고 의미 있는 메시지를 통해 크게 감동받을 수 있는 것이다.

완전한 양극단을 멀리한다면 우리는 상호주관성의 중요한 가치를 알 수 있을 것이며, 우리 인류에게 진정으로 중요한 것은 점증적인 이해 능력이라고 생각할 수 있을 것이다. 우리는 서로 더 잘 이해할 수도 있고, 덜 이해할 수도 있다. 유사성과 차이점은 비교

---

2   하이쿠(俳句)는 일본 정형시 중 하나다. 각 행마다 5, 7, 5음을 사용해 모두 17음으로 이루어진다. 대체로 5, 7, 5의 17자로 매기면 7, 7의 14자로 받으면서 계속 이어지는 긴 시가(詩歌)의 첫 구 5, 7, 5만을 떼어 하나의 시가 양식으로 정착되었다. 그만큼 일촉즉발의 내용이나 촌철살인이 있어야 한다. 일반적인 하이쿠는 계절을 나타내는 단어인 기고(季語)와 구를 매듭짓는 말인 기레지(切れ字)로 구성된 단시(短詩)다.

에서 한 세트의 조화를 이룬다. 예를 들어 인류학을 단일성의 학문이라고 생각하는 것은, 인류학이 다양성의 학문이라고 말하는 것과 마찬가지로 매우 어리석은 일이다. 반대로 유사성과 차이점이라는 차원에서 '단일성/다양성'이라는 듀오[3]에 대해 관심을 집중해 보자.

3. 듀오

'유사한 것'은 '다양한 것'만큼이나 절대적인 개념이 아니라 상대적인 개념이다. 격리된 단일 개체에는 이 개념을 적용할 수가 없기 때문이다. 이 개념은 하나의 존재가 다른 것, 혹은 다른 것들과 비교될 때 비로소 의미가 있다. 더욱이 '단일성/다양성'의 듀오를 더 잘 이해하기 위해 우리는 최소한 세 개의 개체를 비교할 필요가 있고, 다음과 같은 명제를 세울 수 있을 것이다. "x와 y는, x가 z와 다른 것보다 더 다르다" 혹은 "x와 z는, 그들 각각이 y와 갖는 유사성보다 그들 둘 사이가 훨씬 더 비슷하다." 이를 우주에 대한 다양한 인식에 적용해 보면, 비록 벌 한 마리, 돌고래 한 마리, 그리고 '내'가 우리 현실의 일부를 구성하며 같은 세계에 살고 있다 할지라도, 이들과 우리는 각자의 크기나 변화 속도, 생리학적 능력, 우수한 기억력의 유전, 개별적 경험과 다른 많은 특수성으로 인해 서로 다

---

3   듀오(duo)는 (한 단위로) 둘(2), 한 조, 한 쌍을 의미한다.

른 정신적 연결고리를 만들어내고, 이 세상에서 전혀 다른 형태로 행동하는 것이다. 단일성/다양성의 관계로 인해 인간인 우리는 벌과 상당히 멀어질 것이고, 상대적으로 돌고래와 훨씬 더 가까워질 것이다.

동물학에서 사회 현실로 넘어가도 같은 법칙을 발견할 수 있다. 공통적인 유전 상속과 우수한 기억력의 유전이라는 공동의 구성 요소는 우리에게 현실에 대한 보편적인 인식 틀을 제공할 것이다. 그러나 일반적으로 우리는 사회환경을 공유하는 동료들에 대해 판단을 내려야만 할 것이며, A라는 개인이 C라는 개인보다 B라는 개인과 더 유사하다는 것을 깨닫게 될 것이다. 그리고 그 비교의 결과는 그들 각각에 대한 우리의 실질적인 행동에 영향을 미칠 것이다.

이러한 것은 끊임없이 변화하는 역사 간의 유사성과 차이점에 대한 확실한 구별과 같은 문화적 다양성을 깨닫게 만든다. 각 문화 사이의 상대적 근접성은 커다란 도표로 만들어질 수 있다.[4] 이 도표는 마치 나뭇가지의 끝처럼 분기(分岐)하는데, 이를 따라가다 보면 공동의 근원, 분기 시점 혹은 근접 시점, 심지어 변화하는 세계에 의해 지워진 전통의 유실 시점마저도 알 수 있다.[5] 이러한 상

---

4   인류 역사에서 문화적 전통은 서로 영향을 받아왔고, 각각의 전통은 각자의 역사로 변해왔다. 이것은 계통수(系統樹)로 표현될 수 있는데, 계통수는 각 전통의 기원은 물론이고 역사적 생성 과정에서 각 전통과 다른 전통 간의 거리를 설명해 준다. 이러한 관점은 한 문화와 다른 문화의 교집합인 개인들 사이에서 가능한 이해력의 수준을 알기 위해서, 그리고 이 문화들의 생성과 변천에 개입한 요소들과 개입 형식을 이해하기 위해서 필요하다.

5   생물의 공통점과 차이점을 고려해서 진화적 유연관계를 나타내면 생물의 계통

대적 거리에 대한 역사적 구분은 문화연구, 심지어 전통 발생의 형태를 이해하는 데 매우 중요하다.

좀 더 심사숙고해서, 비교가 추상적 형태로 이루어지는 것이 아니라, 우리의 특별한 연구 목적에 적합하도록 비교 기준을 선택해서 이루어진다고 생각해 보자. 영토적·시간적·계급적·종교적·정치적 기준 등 넓은 범위에서 기준을 선택할 수 있을 것이다. 정치적 관심을 예로 들어, 멕시코시티 주민 중 세 명의 비교 대상 단위에 적용해 보자. 이들은 비록 모두 같은 수도권 사회의 일원이지만 나의 인식, 판단과 정치적 행동은 내 옆집에 사는 띠부르시오보다는 치말리스딱[6]에 사는 내 친구 기예르모와 더 가까울 것이다. 이것은 우리 셋이 같은 도시에 속하고, 같은 기온을 즐기며, 밤에는 같은 오리온자리의 별빛을 받고, 같은 정부에서 혜택이나 피해

을 알 수 있는데, 이 계통을 나뭇가지 모양으로 나타낸 것을 계통수라고 한다. 계통수는 형태적인 특징과 DNA 염기서열 등을 조사해 작성한다. 공

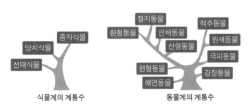

식물계의 계통수   동물계의 계통수

계통수를 해석하는 법

통점이 많을수록 유연관계가 가까운 종이며, 계통수 그림에서 가까운 곳에 놓인다. 계통수에서 같은 가지에 놓인 생물은 같은 조상에서 분화했을 가능성이 높다. 계통수의 분기점은 하나의 조상에서 두 계통이 분기된 것을 의미하는데, 분기 순서가 반드시 종의 연대를 나타내지는 않는다. 또한 계통수 가지의 길이가 길수록 유전적 변화의 폭이 크다는 것을 알 수 있다.

6   치말리스딱(Chimalistac)은 멕시코시티 남부 꼬요아깐(Coyoacán) 지역에 위치한 도시다.

를 입는 사회의 일원이라는 것과는 별개의 문제다. 그러면 아주 단순화된 이 비교방법론을 각기 다른 문화적 전통에 속하는 꼬스 모비시온을 평가하는 데 적용해 보자.

4. 문화적 전통의 단일성/다양성에 대한 접근

다시 "두 개의 똑같은 문화적 전통은 없다"라는 아주 단순한 명제로 논의를 시작해 보자. 이런 얘기는 많은 텍스트에서 반복되는 한 예시에 잘 드러나 있다. 즉 우리는 눈(雪)에 대해 한 가지 특질만을 느끼는 반면에, 한 해의 상당 기간을 눈에 둘러싸여 사는 이누이트는 자신들 삶에 필요한 기본적인 수요를 충족시키기 위해 눈의 다양한 특질을 구분해 낸다. 이런 이유로 그들은 자신들 언어 중 두 개 어휘소에서 파생된 수많은 용어로 눈의 다양한 특질을 표현한다.[7]

모든 사회는 변화무쌍한 환경에 대한 항구적인 적응 방법으로써 기억이 잘되는 행동과 지식을 만들어가며, 이에 상응하는 형태로 끊임없이 바뀌고 기억되는 지식에 순응하면서 주어진 환경에서 움직이게 된다. 역사가 전통의 동력으로 부각된 뒤 역사는 전

---

7   이누이트(inuit)는 '까닉(qanik: 대기 중에 날리는 눈송이)'과 '아푸트(aput: 바닥에 내린 눈)'라는 어근에서 출발해 눈의 다양한 특질을 묘사하는 수많은 단어를 만들어낸다.

통을 단일성과 다양성 사이에서 오락가락하게 만들었다. 다른 한 편으로 일부 꼬스모비시온은 역사적으로 볼 때 파생적으로 서로 멀어지기도 하고, 그 반대로 근접하기도 한다. 혹시 우리는 우리의 특수성에 대한 보존과 세계화 사이에서 갈등하는 단계에 살고 있는 것은 아닐까?

우리는 단일성/다양성이라는 듀오의 복합성을 잊어서는 안 된다. 관계는 양적·질적으로 변화한다. 몇몇 전통은 다른 전통들과 얼마나 다른가? 어떤 점에서 다른가? 어떤 환경에서 다른가? 어떤 지리적 범주에서 다른가? 어떤 기후에서 다른가? 유사성은 왜 발생하는가? 차이점은 왜 발생하는가? 어떤 사회적 범주에서 발생하는가? 어떤 사회적·경제적 혹은 역사적 결과가 그런 유사성 혹은 차이점을 야기하는가? 전통들 간의 문화적 거리를 계층적으로 철저히 정리하고 평가하기 위해서는 이렇게 수많은 질문이 필요하다.

우리가 고려해야 할 요소 중 하나는 사회적 단위의 차원에서 야기되는 유사점의 상대성이다. 폭넓은 사회적 단위(국가를 예로 들어보자)의 구성원들 사이의 일치 요소들은, 국가를 구성하는 각각의 사회적 단위(지역의 한 단위를 예로 들자) 속에 존재하는 일치 요소들보다 훨씬 더 적다. 여기서 철학자 포르피리우스[8]가 한 말이 생각나는

---

8   기원후 3~4세기경에 그리스 신플라톤주의 학자인 시리아 출신의 포르피리우스(Porfirio de Tiros)는 아리스토텔레스의 논리학을 신플라톤주의에 결합시키기 위해 아리스토텔레스의 범주론을 열심히 연구했다. 2세기 후에 로마 철학자 보에치오(Boecio)는 포르피리우스의 작품을 라틴어로 번역했다. 그 책의 번역은, 특히 가장 보편적인 것을 가장 단순한 것으로 종속관계화함으로써

데, 그는 "더 많은 것을 이해하려면 범위는 더 좁아져야 하며, 그 반대도 성립한다"라고 단언했다. 의사소통의 범위는 소통의 질과 직접적인 비례관계에 있다. 사회적 단체의 규모가 커질수록 그 구성원들 사이의 상호이해도는 떨어질 것이다. 반면에 그 범위가 줄어들수록 그들의 상호작용은 더욱 강력해질 것이며, 그들의 상호주관성의 경로도 더 많아지고 더 완벽해질 수 있을 것이다. 다양한 신념의 종교적 근거를 예로 들어보자. 가톨릭신자들과 다른 종교의 신자들 사이에 존재하는 유사점은 틀림없이 많을 수 있다. 그러나 가톨릭 교인이 다신교 교인으로 간주되는 사람보다는 유일신교 교인에 더 가깝다는 사실은 의심의 여지가 없을 것이다. 마찬가지로 가톨릭 교인은 『성경』이 성서임을 인정하는 종교를 믿는 사람, 예컨대 유대인이나 무슬림에 훨씬 더 가까울 것이다.

또한 서로 다른 사회 활동 분야에서 타 문화를 받아들이는 정도가 다양하다는 사실을 유념할 필요가 있다. 대다수 인류가 공유하는 가치들이 있는 반면에, 다른 가치들은 매우 제한된 문화적 범주에 한정되기도 한다. 미적 평가는 그런 사실을 우리에게 명백히 보여준다. 자연이나 예술작품에 대한 인식이 어느 전통에서는 아름다울 수 있지만, 다른 전통에서는 그렇지 않을 수 있다. 그러나 인류라는 종의 가장 기본적인 반응 장치에 영향을 미치기 때문에, 상당히 높은 비율의 인간에게서 똑같은 감정을 유발하는 작품이

중세 사상에 결정적 영향을 미쳤는데, 그 종속관계는 '포르피리우스의 나무'로 도식화되었다. 그의 체계는 분류법의 기초가 되었다.

나 인식도 있을 것이다. 반면에 그들의 감정을 움직이기 위해서는 특별히 이를 촉발하는 상징이나 생활에 대한 깊은 이해가 요구되기 때문에, 소수의 수용자 집단에만 감명을 주는 것들도 있을 것이다. 미적 평가의 정도는 그 가치를 수용하는 문화의 수나 그 유효기간의 지속성에 달린 것이 아니라, 대상과 수용자 집단 사이를 연결하는 감정적 강도(强度)에 달려 있다.[9] 이런 똑같은 상황은 경제, 윤리, 종교, 법률 같은 다른 분야에서도 일어난다. 각각의 분야에서 수용 정도가 필수적으로 일치할 필요는 없다. 그래서 공동의 경제적 가치는 크지만 미적 형태의 가치는 별로 없는 전통들이 있을 수 있는 것이다.

5. 듀오의 복합성에 대한 이해의 필요

역사학과 인류학 분야에서는 듀오의 복합성에 대한 이해가 기본이다. 우선 과거의 명예롭지 못한 민족중심주의를 극복하려는

---

9   윤리적 가치와 마찬가지로 미적 가치는 한 문화가 다른 문화를 받아들이는 정도에서 다양성을 보인다. 예컨대 밀로의 비너스상 같은 조각에서 나타나는 자연스러움과 육체의 조화는 다른 문화 전통을 가진 세계의 많은 구성원들에게 감동을 준다. 반면에 메시까족의 꼬아뜰리꾸에(Coatlicue)상에 대해 관찰자가 강렬한 감정을 갖기 위해서는, 관찰자는 그 상이 제작되었을 때의 선돌 조각 전통의 상징적 가치들에 대해서 상당한 지식을 갖추고 있어야만 한다. 관찰자가 이 꼬아뜰리꾸에상을 판테온에 모시는 종교의 신자일 경우 그 상징적 가치는 더 커질 것이다.

박스 2-1 보편적 가치와 특수한 가치

과일인 사과의 경제적인 가치는 머나먼 과거에서부터 현재까지 보편적, 아니 거의 보편적일 것이다. 그러나 오늘날 세계경제에서 사진과 같은 두 장의 우표가 지니는 크나큰 가치는 보편적이라 할 수 없다. 우표 수집에서 파생되는 경제적 욕망에 관심이 없는 문화 전통에서 이 두 장의 우표는 별다른 관심을 끌지 못할 것이다. 더군다나 오른쪽 우표는 편집상의 오류로 비행기가 뒤집혀 있다.

과학적 맥락에서 보면, 각 문화적 전통은 다른 문화적 전통과 다르다는 것을 이해하게 된다. 과거에는 관찰자의 가치척도로 타 문화를 평가하는 것이 흔한 일이었다. 그러나 오늘날에는 연구 대상이 되는 각각의 문화에서 그들 특유의 가치론적 척도를 인정해야만 한다. 그러므로 관찰자는 자신의 기준이 보편적이고 혹은 최고라고 생각하면서 자신의 잣대를 타인에게 적용하려는 생각을 버려야 한다. 흔히 자신의 수준이 가장 높아서 다른 사람들은 수준 낮은 단계에 머물러 있거나 혹은 잘못된 길을 가고 있다고 생각하기 일쑤다.

우리 모두는 유일한 진리와 정확한 척도, 가장 정제된 기호(嗜好)를 가지고 있다고 믿는다. 그러나 각각의 문화적 전통은 고유의 진리를 간직하고 있고 어느 전통이든 간에 진리는 시간에 따라 변

제2장 문화적 단일성과 다양성 **61**

화한다는 사실을 역사·인류학적 지식을 통해 알게 될 때, 이런 입장은 유지될 수 없다. 진리는 역사적 사건이며, 다른 역사적 사건과 마찬가지로 변할 수 있는 것이다. 우리는 수많은 '타자성'의 바다에 떠 있는 한 줌의 타자들일 뿐이다.

문화적 다양성 연구는 현재 우리의 위치를 인류의 역사적 맥락 안에 놓이게 만들어준다. 이로써 우리는 기나긴 과거와 불확실한 미래 사이에 있는 한 시점에서, 또 다른 특별한 존재로 자리 잡는다. 우리의 도덕적인 가치도, 세상에 대한 우리의 지식도, 우리의 만족도도, 우리와 비슷한 사람들이 주고받는 정의도, 그리고 정열의 강렬함도 우리에게 문화적 정점을 차지할 수 있는 권리를 주지는 않는다. 우리는 적응이라는 영원한 레이스 중에 있는 또 다른 문화의 설립자이자 사용자일 뿐이다.

역사·인류학적 연구는 우리 시대의 복합성을 이해하는 가치 있는 방법을 제공할 수 있다. 세상은 매우 빨리 변화하고 있다. 오늘날 급속도로 퍼지는 정보는 정신적 적응 혁명을 초래할 정도로 우리의 꼬스모비시온에 많은 영향을 미친다. 비유적으로 말하자면 섭취 속도는 매일 더 빠른 소화 능력을 요구하지만, 소화 능력이 이를 따라가지 못한다. 이러한 간극의 위급함은 우리에게 부담을 줄이도록 강요한다. 따라서 우리는 중요치 않거나 필요 없는 것에 관심을 가지는 것만큼이나, 세상을 경시하는 일상의 위험 속에 노출되어 있다. 우리는 책임을 망각하고 자아실현과 자기만족의 이기주의 속에서 손쉬운 해결책을 찾는다. 그러나 반대로 역사·인류학적 지식은 우리에게 근접한 이 세계화가, 다원적 세상에서 어느 정도까지 수요와 현실을 공동의 문제로 만들지 보여줄 수 있을 것이다.

6. 가교

오늘날 각기 다른 전통 사이의 상호 관계는 급속도로 증대되고 있다. 우리 시대의 중요한 진전 중에는 정치, 미디어, 상업, 오락의 유포 중심지에서 비롯된 문화적 요소들의 급속한 팽창이 있다. 이런 유포 속에는 거대 산업을 위한 외국산 원자재의 획득이나, 잉여물을 필요한 사람들에게 건네기 위한 재화 공급 증대 등 종종 숨겨진 동기가 있다. 이로 인해 영향을 받는 생태적 지위(地位: niche) 측면에서 세계의 엄청난 변화는 다른 가치들과 맞서게 된다. 갈등은 증대되고 세계가 파괴될 위험성은 높아졌다.

사회과학은 이런 피해 중 많은 것을 저지할 수 있는데, 특히 약한 사회에 대한 강한 사회의 전통적인 횡포를 방지하는 균형 잡힌 이(異)문화 간 접근에 공헌할 때 그렇다. 인류학적 실천은 다양한 사회 간의 이해를 돕는 적합한 대화 방법을 모색해 왔다. 물론 과거의 식민주의나 현재의 약탈자들을 위해 이러한 행위들이 이용되었다는 의문을 강력히 제기할 수도 있다. 그러나 인류학은 다른 목적으로도 사용될 수 있는 힘 있는 도구인데, 커다란 인간 공동체에 이익을 주고자 하는 목적이 그것이다. 민족학적 '필드(field)' 연구는 인류학이 탄생할 때부터 소통의 기반으로서 더 유익한 연결고리들을 찾기 위해 애썼다. 인류학자들은 각 현장에서 매번 접촉하는 두 개의 문화 사이에서 양립 가능한 사회적 행동의 환경을 식별해 내려고 노력해 왔다. 그렇게 해서 가교를 놓게 된 것이다. 이와 같은 기본적인 관계 위에서 대화가 발전하고, 그 대화는 접촉 중인 '타자들' 사이에서 타자성을 엷게 해주었다. 오늘날 전문 연구에 적용되는 이러한 기술적 방법들은 그동안 상당히 공을 들여 발전한 것이다. 따라서 더 공정하고 균형 잡힌 문화적 상호작용을 위한 도구가 될 수 있을 것이다.

_ 유왕무 옮김

제3장
연구 대상
메소아메리카 전통의 꼬스모비시온은 무엇인가?

1. 메소아메리카의 전통

우리가 역사적 단위의 '시작', '범위', '끝'을 규정하고, 그 단위에 이름을 붙이기 위해서는 변화에 의존해야 한다. 가장 중요한 변화는 격렬하지 않고, 늘 여러 세기가 걸린다. 점진적으로 이루어지는 변화는 그것을 겪는 사람들조차 감지하지 못하는 경우가 많다. 환경, 영양 섭취, 안전, 기술, 인구밀도, 조직, 감정, 관습, 신앙 등에서 근본적인 변천이 일어난다. 변천이 비교적 천천히 이루어지기 때문에 그 영향을 받는 사회는 변천에 천천히 적응해 간다.

메소아메리카 역사에 등장하는 사회들은 이 글에서 어느 역사적 단위의 시작이라고 언급된 시대보다 훨씬 더 이전에 다른 변혁들을 이미 겪었다. 가장 큰 변혁은 1만 년 전에 일어났다. 그 변혁은 마지막 빙하기 이후에 발생한 기후 위기로, 홍적세(지금으로부터 258만 년~1만 년 전)에서 충적세(지금으로부터 1만 년 전~현재)로 넘어가는 시기였다. 차후에 일어나는 변혁은 많은 경우 이전 변혁의 결과다. 1만 년 전에 기후변화를 겪은 뒤 인간에게 유익한 식물들의 순화(馴化)에서 유발된 변화가 이를 뒤따른다. 이 식물들에는 아보카도, 고추, 구아헤[1], 호박, 강낭콩, 마게이, 노빨[2]과 그 밖에 많은 것이 있고, 약 7000년 전에는 옥수수가 재배되었다. 유목민들은 이 순화된 식물들을 이용해 맨 먼저 작물 재배 기술을 발전시켰다. 수천 년 동안, 유목민들은 씨 뿌릴 경작지들을 만들어놓고는 경작 순서에 따라 순환하면서 시기에 맞춰 각각의 경작지로 돌아왔다. 마침내 4500년 전에 어떤 변혁이 이루어졌는데, 우리는 그 변혁을 참조해 연구를 시작할 것이다. 채집과 수렵을 하던 사람들, 물고기를 잡던 사람들은 오랫동안 식물 재배에 종사한 뒤, 식물 재배에 더 많이 의존하면서 유목 생활을 청산하고 농업을 위한 정착 생활을 시작했다.

그 시대에(우리 시대보다 약 2500년 이전에) 우리의 연구 대상인 메소아메리카가 시작되어 현재까지 지속되고 있다. 2500년 이전과 현재 사이가 바로 메소아메리카 전통의 역사에 해당하는데, 메소아메리카의 꼬스모비시온에 관해 간단하게 설명하겠다. 우리가 개

---

1   구아헤(guaje)는 멕시코 기원의 열대 콩과(fabaceae) 식물로 현재는 중앙아메리카, 아프리카, 아시아, 호주 북부 등 강수량이 풍부한 열대와 아열대 지역에 널리 분포되어 있다. 우리나라에서는 생육이 곤란해 잘 알려지지 않았으나 일반명인 'white lead tree'를 직역해 백연수(白鉛樹)로 불리기도 한다. 예로부터 멕시코와 메소아메리카 원주민은 그 씨를 식용으로 섭취하고, 커피 대체품으로도 이용했다.

2   마게이(maguey)는 용설란의 일종이다. 노빨(nopal)은 선인장의 일종으로, 손 모양이며 가시가 없다.

괄하려는 그 큰 시기는, 비록 당시에 경작된 기초적인 다른 작물도 많았고 관개농업 기술이 좋았다 할지라도, '일시적으로 옥수수 농사를 짓던 사람들의 시기'라고 명명될 수 있다. 이런 문화적 발전이 세기를 거쳐 삶의 형식을 바꾸어갔다. 원시적인 형태의 소규모 정착지들이 넓은 지역을 관리하는 마을로, 이런 마을들이 도시 형태의 인구 집중지로 바뀌고, 그 후에 국가 형태의 조직체들이 생기고, 나중에 이 국가들 가운데 일부는 군국주의 국가가 되었다. 이들은 아메리카 대륙 외부의 영향을 받지 않은 채 계속해서 독자적으로 발전해 갔다. 그 후 에스파냐가 침략해 식민체제를 강제하면서 원주민 사상의 주요 개념을 단번에 지우려는 시도가 있었다. 에스파냐의 침략이 무자비해서 그 결과가 유례를 찾기 어려울 정도였으나 역사에 지속된 아주 강한 농업적 색채의 옛 전통을 말살할 정도로 강렬하지는 않았다.

요약하자면 이 책에서 '메소아메리카의 전통'이라고 이름 붙인, 문화적으로 지속된 시기는 크게 두 개로 나눌 수 있다. 메소아메리카 시기(농경과 정주 생활이 시작되고부터 원주민 사상의 자주성이 끝난 때까지)와 에스파냐에 의한 식민 사회의 시기(가톨릭 복음화가 시작되고부터 오늘날까지)[3]다.

---

3   유럽의 메소아메리카 침략은 원주민 사상의 자율적인 발전에 종지부를 찍고 식민 지배라는 새로운 시대를 열었는데, 그 종속적인 특성은 오늘날까지 영향을 미치고 있다. 메소아메리카의 복음화는 메소아메리카의 옛 종교 개념들을 '악마적'이라고 여겨 완전히 말살하려고 시도했다. 메소아메리카의 전통은 기독교적인 교육으로 인해 상당 부분 바뀌었지만, 식민 사회의 가혹한 삶 속에서도 지속적으로 발전했다. 메소아메리카의 옛 종교는 제도적·지적인 면에서

따라서 이 연구의 대상인 메소아메리카의 전통적인 꼬스모비시온에 관해 다루기 위해서는 그 꼬스모비시온이 앞서 언급한 사회들의 공통적인 역사의 산물이라는 사실을 지적할 필요가 있다. 이 꼬스모비시온의 주요 특징은 '단일성/다양성'의 한 쌍으로 구성되어 있다는 것인데, 여기서 이 두 구성 요소는 대단한 효력을 지닌다. 단일성은 변화에 영향을 받기는 하지만, 변화에 강렬하게 저항하는 어떤 '핵심(núcleo duro)'의 존재 때문에 효력을 지닌다. 다양성은 메소아메리카 사회를 구성하는 요소의 기원과 언어의 이질성[4], 주민들이 살았던 지리적 환경의 다양성, 각 사회의 문화적 영역에서 전개된 독특한 역사와 전통, 메소아메리카라는 거시적 영역에서 각각이 차지하는 상대적·역사적 위치에서 비롯되었다. 물론 주요 요소 중 상당 부분은 메소아메리카의 핵심이 거대한 충격을 받음으로써, 에스파냐 침략 시기에서부터 식민시대 전 기간에 걸쳐 바뀌어버렸다는 사실을 주지할 필요가 있다.

2. '메소아메리카'라는 개념 정의의 역사

이미 16세기경에 도미니코 수도회의 바르똘로메 데 라스 까사

거대한 손실을 입었고, 기독교는 원주민 사상에서 재해석됨으로써 식민주의적 원주민 종교가 되었다. 식민 사회에서 여러 문화가 합류하고, 재해석되고, 재상징화되고, 종합화함으로써 문화적으로 중요한 새로운 것들이 나타났다.

4   현재 남아 있는 언어만 해도 60여 개에 달한다.

스[5] 수사는 식민지에 대한 폭넓은 지식을 바탕으로 원주민의 신앙이 각각 다양하다 할지라도 어떤 단일성을 지녔다고 확신하게 되었다. 그로부터 몇 세기가 지난 19세기 후반에 두 가지 공인된 견해가 라스 까사스 수사의 독창적인 견해에 힘을 실어주었다. 그 가운데 하나가 프랑스 출신 탐험가이자 사진가 클로드-조제프 샤르네(Claude-Joseph Désiré Charnay)의 것이다. 그는 멕시코의 고고학적 유적지를 탐험하면서 치첸 이싸(Chichén Itza)와 뚤라(Tula)의 건축과 조각 요소들 사이에 존재하는 특이한 유사점을 발견했다. 라스 까사스의 주장을 지지하는 다른 견해는 독일의 학자 에두아르트 셀러(Eduard Seler)가 여러 연구에서 밝힌 것인데, 그 연구들 가운데는 오아하까 미뜰라의 성당과 부속 건축물들의 '안뜰(Patio) A'의 벽화에 관해 설명한 것과 논문 「멕시코와 중앙아메리카 문명들의 단일성(La unidad de las civilizaciones mexicanas y centroamericanas)」이 있다.

전문가들 사이에 이미 일반화된 어느 평가의 이론적 토대는 메소아메리카의 문화적 지평, 특징, 복합체, 영역 개념들에 대한 초기의 정의에서 비롯되었다. 이런 개념들은 문화적 특성 가운데 상당수에서 유사성이 있는 문화적 복합체들 사이에 경계를 정하고,

---

5 바르똘로메 데 라스 까사스(Bartolomé de las Casas)는 16세기 에스파냐의 식민지 개척자로, 치아빠스의 초대 주교를 지냈으며, 공식적으로 '인디오의 보호자'로 서임되었다. 유럽의 아메리카 대륙 식민화 제1세대로서 방대한 기록을 남겼는데, 대표작은 『서인도 파괴 소사(Brevíssima relación de la destruyción de las Indias)』다. 라스 까사스는 저술과 활동을 통해 에스파냐 사람들이 아메리카 원주민에게 저지른 잔혹 행위를 고발했다.

대륙의 지도를 그리는 데 소용되었다. 이 같은 작업을 바탕으로 1939년에 개최된 '국제 아메리카 전문가 학회'에서 '아메리카의 문화 요소 분포에 관한 연구를 위한 국제위원회'가 탄생했다. 이 모임에서 위그베르또 모레노[6], 폴 키르히호프[7], 로베르트 웨이틀레이너[8]에게 멕시코 중부와 남부, 중앙아메리카 중부 지역 사회들의 문화지역 범위를 획정하고 특성을 규정하도록 위임했다. 키르히호프는 문화지역들의 범위를 획정하기 위해 설정된 기존 방침을 따르고, 이로써 자신이 연구했던 지역의 독특한 특성 몇 개를 선정했다. 이는 그 지역과 아메리카의 다른 지역에서 공통적으로 발견되는 특성들, 그리고 그 지역에 존재하지 않는 특성들이었다. 그는 이것을 바탕으로 메소아메리카 지역의 이름을 정하고 범위를 획정했으며, 해당 지역을 "아주 오래전에 그 지역으로 이주해 온 주민이건 비교적 최근에 이주해 온 주민이건 간에 어떤 공통적인 역사에 의해 결합되어 있는 곳으로, 그 역사는 해당 지역 주민을 하나의 집합체로 대륙의 다른 부족들과 맞서게 하는데, 그들이 메소아메리카라는 세력권에 일단 들어오게 되면 이주를 위한 활동이 일반

---

6 위그베르또 모레노(Wigberto Moreno)는 멕시코의 철학자, 역사가, 지리학자, 인류학자, 고고학자다.

7 폴 키르히호프(Paul Kirchhoff)는 독일계 멕시코 인류학자이며, 메소아메리카의 문화지역을 정의하고 정교화하는 데 일조했다. 그는 멕시코 국립 인류학 및 역사학 학교의 공동 창립자이며, 멕시코 국립자치대학교에서 주요 직책을 맡기도 했다.

8 로베르트 웨이틀레이너(Robert Weitlaner)는 오스트리아 출신으로 멕시코에서 활동한 민족학자, 인류학자다.

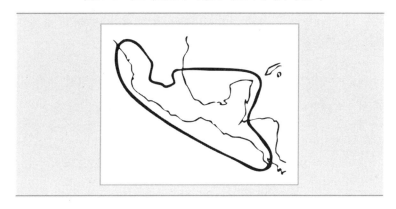

화된 법칙에 따라 그 세력권으로 제한된다. 일부의 경우에는 이런 이주에 각기 다른 부족 또는 언어 집단이 공동으로 참여하기도 한 다"라고 규정했다. 이에 관한 키르히호프의 간략한 연구가 1943년 에 처음으로 발표되었다. 연구에는 메소아메리카의 경계를 정한 지도가 등장했는데, 북쪽 경계 지점은 멕시코의 빠누꼬(Pánuco)강, 레르마(Lerma)강, 시날로아(Sinaloa)강으로, 남쪽 경계 지점은 온두 라스의 모따구아(Motagua)강 하구 근처와 코스타리카의 니꼬야 (Nicoya)반도로 설정했다.

3. 폴 키르히호프의 정의에 대한 비판

키르히호프의 동료들은 키르히호프의 정의를 자신들이 기대하던 것일 뿐만 아니라 열망하던 것이라고 인정했다. 그 정의는 이전부터 지배적이던 생각을 확중하는 것이었다. 그는 처음부터 자신의 제안을 비판하고 완성하고자 사람들을 토론에 초대했다. 하지만 그의 요청은 적절한 대답을 얻지 못했다.

메소아메리카의 문화적 유사성과 지리적 경계 획정에 대한 키르히호프의 선택에 이의를 제기하는 주요 견해는 다음과 같다.

① 특성들이 체계화되어 있지 않다. 계층화되거나 유기적으로 연계되어 있지 않다. 당시에 유행하던 연구 기법은 자의적이고 파편적인 선택을 허용했으므로, 그런 특성들에 기반하기보다 문화적 복합체를 우대했더라면 키르히호프의 기법들은 더 생산적이었을 것이다.

② 역사적인 깊이가 없다. 메소아메리카라고 규정된 지역이 지속적으로 확장되었다가 1000년 전에 북쪽 경계가 축소되어 지역의 크기가 작아졌다는 사실을 고려하지 않은 채, 에스파냐 정복 시기에 생산된 정보에 의거해 지역의 경계를 획정했다. 지도 한 장으로는 수 세기에 걸친 경계의 변화를 제대로 파악하기에 충분하지 않다.

③ 선정된 특성 가운데 대다수가 특정 지역이나 특정 시기에 따라 다르다.

여러 저명한 학자가 키르히호프가 규정한 것을 대폭 또는 소폭으로 보완해 왔다. 그들 가운데 에릭 울프와 앙헬 팔레름,[9] 고든 윌

---

9   에릭 울프(Eric Wolf)와 앙헬 팔레름(Ángel Palerm)은 "메소아메리카의 모든 주요 지역에 있는 계단식 경작지는 메소아메리카의 독특한 특징으로 간주되어

리,[10] 켄트 플래너리,[11] 윌리엄 샌더스,[12] 하이메 리트박 킹,[13] 앤 채프먼,[14] 마또스 목떼수마[15]를 들 수 있다.

지금까지 메소아메리카의 개념에 대한 비평이 각종 학술 모임, 출판물, 토론회, 학술회의 등에서 다루어져 왔다. 키르히호프 정의에 반하는 주장들이 있는데, 이들은 키르히호프의 연구가 문제 제기에서 이론적으로 불충분하고, 용어와 개념이 무비판적이며, 특히 가톨릭 전파 이후부터는 이른바 단일성이라는 개념이 무효하다고 지적한다. 다른 한편으로 개념 자체가 다양화됨으로써 앞서 언급한 사회들의 단일성은 견고한 역사적 현실이며, 그 현실에 대

야 한다"라고 주장한다.

10 고든 윌리(Gordon Willey)는 "메소아메리카는 마을에 거주하던 농부들의 문화가 도시에 거주하는 주민들의 문화로 변한 거시 지역(macroarea)"이라고 정의한다.

11 켄트 플래너리(Kent Flannery)는 "메소아메리카는 강한 환경주의적 경향성을 지닌 복합적 체제로서 다양한 소규모 환경에 적응한 마을인 복합적인 하위체제들로 구성된다"라고 주장한다.

12 윌리엄 샌더스(William Sanders)는 메소아메리카의 특성을 언급하기 위해 공시적으로 '문화지역'이라는 개념과 통시적으로 '모순'이라는 개념을 대비시킨다.

13 하이메 킹(Jaime King)은 "메소아메리카는 정상적인 교역이 이루어지던 공간적인 체제로 규정될 수 있다. 메소아메리카를 구성하는 각 지역은 내적인 역동성을 지녔을 뿐만 아니라 역내의 다른 모든 지역과 역동적인 관계를 맺었는데, 그 관계는 시간이 흐르면서 변하고, 또 이로 인해 지역들 사이에는 늘 변화하는 균형 상태가 드러난다"라고 주장한다.

14 앤 채프먼(Anne Chapman)은 "메소아메리카는 고도의 문화나 문명을 구가한 문화지역으로 보아야 한다"라고 주장한다. 그녀의 이론은 메소아메리카의 '사회'와 '문화'에 기반한 것으로, 그녀는 메소아메리카를 계층사회로 간주한다.

15 마또스 목떼수마(Matos Moctezuma)는 "메소아메리카의 특징은 독특한 생산방식에 있는데, 그 방식의 기본은 '농업과 공물(貢物)'이다"라고 했다.

한 연구로부터 분석에 유용한 개념화가 이루어져야 한다고 주장하는 우리 같은 사람들이 있는가 하면, 메소아메리카는 아주 유용하거나 조금 유용하거나 전혀 유용하지 않은 단순한 이론적 모델이라고 주장하는 사람들까지 있을 정도다.

4. 개념 정의에 대한 제안

메소아메리카는 기원, 언어, 영토, 지역 및 지방의 역사, 사회적·정치적 발전 수준이 각기 다르지만, 공통 역사의 중요한 면모들을 경험한 여러 사회에 의해 수 세기 동안 형성된 하나의 문화적 전통이었다. 그들의 공동생활은 농업에 기반한 재화와 기술의 지속적인 교환을 가능하게 했다. 메소아메리카의 존재는 농경 정착 시대에 시작되어 식민지가 됨으로써 끝났다. 그들의 생계 방편은 자신들이 영토에서 일시적으로 재배할 수 있는 옥수수를 기반으로 했는데, 옥수수 경작은 광범위하게 유포된 강낭콩, 호박, 고추 같은 다른 식물에 의해 더욱 확고해졌다. 이들 사회의 공통된 역사는 다양한 형태의 교류와 연맹으로 이루어지는 평화적인 관계뿐만 아니라 호전적인 관계 또한 포함했다. 그 모든 관계는 그들이 공유하는 꼬스모비시온을 형성하도록 허용하는 강력하고 선명한 지적 유대 관계를 촉진했다. 이 같은 꼬스모비시온은 그들 사회의 단일성과 다양성을 통해 변증법적인 방식으로 구체화되었다. 단일성 인자는 구성원들 사이에 일반화된 폭넓은 이해를 가능하게 해주고, 그들 사회의 중심부를 조직화해 변화에 저항하도록 만들었다. 다양성은 각기 다른 사회들 특유의 삶에서 기인했는데, 이 다양성은 각 사회의 문화적 특징, 지리적 환경, 지역의 역사, 사회 복합성 정도 등에서 비롯되었다.

초기의 유대 관계는 지형이 울퉁불퉁해 기후대가 다양한 지역이 서로 붙어 있는 덕분에 돈독해졌으며, 그로 인해 다양한 재화의 교역이 촉진됨으로써 이내 서로 멀리 떨어져 있는 사회들을 연결하는 사슬이 만들어졌다. 각 지역을 하나의 경제망 시스템으로 묶을 정도로까지 발달한 교역은, 이 시스템을 이루는 메소아메리카 사회들을 서로 강력하게 응집하는 요소였다. 한편으로 교역은 물품을 생산하고 거래하고 배급하는 지역들, 사회조직의 형태, 정치적인 질서 등에서 그 집단을 체계화할 수 있는 어떤 보편화된 소통 수준을 요구했다.

5. 거시 지역의 역사: 메소아메리카의 전고전기

메소아메리카의 전통이 지닌 단일성/다양성을 더 잘 이해하기 위해서는 메소아메리카를 거시 지역으로 간주할 필요가 있는데, 이는 이 거시 지역을 구성하는 단위들, 즉 서부, 북부, 중부, 오아하까, 멕시코만, 남동부에 '지역'이라는 이름을 붙여주기 위해서다. 고고학적 연구는 이 거시 지역의 역사를 대략 세 개의 큰 단계로 구분했다.

전(前)고전기(B.C. 2500~A.D. 200)는 '형성기'라고도 부르는데, 전기, 중기, 후기로 구분되었다. 전기(B.C. 2500~B.C. 1200)는 농경을 위한 정착이 시작되고 평등한 부족사회들에서 도기 공예가 시작되었을 때부터다.[16] 비록 자연환경이 재화의 교역을 가능하게 해주었다 할지라도, 각 마을은 자신의 생계를 위해 필요한 재화 대부분을 직접 생산했다. 농업 덕분에 인구가 지속적으로 늘어났고, 또한 치수체계가 구축됨으로써 농업기술이 발전할 수 있었다. 도기를 제조했다는 증거가 되는 가장 오래된 유물은 약 기원전 2400년의 것이다. 이내 도기를 만드는 기술이 전문화되었다. 이런 기술 덕분에 음식과 음료에 대한 미생물과 포식자의 공격을 막을 수 있게 되었고, 그래서 다양한 액체와 곡물의 보존이 가능해졌다.

---

16 농경을 위한 정착은 유목 생활을 하던 선조들의 생각이 상당 부분 살아 있었다 할지라도 원주민들의 꼬스모비시온을 변화시켰다. 이들에게는 환각으로 황홀경에 빠지는 관습이 유지되었는데, 이를 통해 이 세계와 성스러운 시간-공간을 이어주는 다리가 만들어졌다고 믿었다. 농경문화에서는 식물을 경작하는 것이 생계의 주축이었다. 옥수수 경작 주기는 그들의 주요 생활 모델들 가운데 하나가 되었다. 반복되는 우기와 건기는 비록 수렵·채집 생활에 아주 중요했다고 해도, 땅을 일구는 사람들에게는 새로운 가치를 부여했다. 이 시기에 상보적이고 대립적인 요소들로 이루어진 우주에 대한 옛 인식론이 우기를 죽음에, 건기를 삶에 연계시켰다는 추론도 가능한데, 이런 연계는 현재까지 확고하게 강조되는 개념이다. 도기 공예로 인체를 표현한 첫 번째 흔적은 기원전 2300년경에 멕시코 분지(Cuenca de México) 남쪽에 있었는데, 그 인체는 여성이다. 그들은 집요하게 여성적인 이미지를 만들기 시작했고, 나중에는 여성의 넓적한 볼기, 임신, 모성이 강조되었는데, 이는 땅의 생산력이 지닌 가치를 중요시했다는 강력한 단서다. 그 시기의 다른 특징은 망자를 방 밑이든 집과 연결된 원뿔형 구덩이든, 가정의 특정 공간에 모시는 풍습인데, 이는 망자가 가족의 삶, 건강, 보호, 생산에 계속해서 중요한 존재였다는 분명한 예다.

전고전기 중기(B.C. 1200~B.C. 400)에는 주요 지역에서 기술이 눈에 띄게 발전했다. 떼우아깐(Tehuacán)에서는 기원전 700년경에 관개시설이 나타났는데, 나중에는 멕시코 분지[17]와 오아하까에서도 나타났다. 저수지, 수로, 계단식 농지 그리고 다른 치수 체계가 만들어짐으로써 연간 곡물 수확량이 증가했다. 중기의 가장 중요한 특징 가운데 하나는 아마도 전문화된 사회적 기능을 갖춘 가문들에 간에 설정되었을 사회적 분화였다. 각 지방의 중심지에서 관리하는 물자 교역이 대대적으로 이루어졌다. 각기 다른 중심지의 엘리트 가문 사이에 유명한 재화들이 교류되었다. 전문화 덕분에 여러 생산 분야에서 다양한 기술이 늘어났다. 달력과 문자에 대한 가장 오래된 흔적은 이 시기, 즉 기원전 600년부터 남아 있다. 산 호세 모고떼(San José Mogote: 오아하까, 사뽀떼까 문명의 유적) 3번 기념물과 몬떼 알반(Monte Albán)의 12, 13번 석비에는 미래를 예언하는 260일짜리 달력의 날짜들과 '해(年)를 운반하는 자들'[18]에 대한 글리포[19]들이 있다. 사람들이 사는 지역의 인구밀도가 높아지고, 산 호세

---

17 산과 화산에 둘러싸인 멕시코 분지는 멕시코 중부의 고원으로, 멕시코시티, 멕시코주 동부와 접하고 있다. 떼오띠우아깐(Teotihuacán), 똘떼까(Tolteca), 아스떼까(Azteca)를 포함한 문명의 중심지다.

18 '해(年)를 운반하는 자 넷(Los 4 Cargadores del Año)'은 아주 중요하다. 일반적으로 주인, 선조를 의미하는 '맘(mam)'이라 불렀다. 이 날들이 특히 한 해의 의미나 내용을 결정함으로써 한 해 또는 가장 중요한 날의 후원자가 되기 때문이다. 이들은 시간을 운반하는 역할을 하기 때문에 등에 시간을 짊어지고 있는 모습으로 형상화된다.

19 글리포(glifo)는 마야 상형문자의 일종으로, 하나의 단어나 음절에 해당한다.

모고떼의 라 벤따(La venta)에서 볼 수 있는 것과 같은 기념비적인 건축물이 꽃을 피운다. 우주론적 상징성을 지닌 유명한 재화들을 생산하고 보급한 올메까(Olmeca) 문명이 절정에 이른다.[20]

전고전기 후기(B.C. 400~A.D. 200)는 각기 다른 계급의 사람들이 사는 위성 마을로 둘러싸인, 여러 권력 중심지의 규모와 복합성이 괄목할 만하게 증대한 것이 특징이다. 초기에 기념비적인 광장, 제단, 신전이 축조되고 거대한 건축물이 만들어지기에 이르렀다. 예를 들

---

20 전고전기 중기의 모성과 연계된 여성 인체를 표현한 형상들은 당시 사람들이 땅의 다산성을 숭배했다는 사실을 증거하고 강조한다. 한쪽은 삶을, 다른 한쪽은 죽음을 의미하는 식으로, 두 쪽으로 분리된 얼굴 형상도 등장한다. 이런 형상은 우주적 이원론에 대한 개념을 보여주는 것으로서 메소아메리카 쇠퇴기까지 지속적으로 등장한다. 전고전기 중기에 올메까인들은 일찍이 사회적·문화적으로 발달하게 되자, 우주의 각 장치를 상징하는 것뿐만 아니라 통치 권력을 상징하는 것과 관련 있는 상징적인 요소들을 지닌, 예술적인 가치가 큰 화려한 재화를 자신들의 생산물, 장사 물건과 더불어 유포했다. 인류학자 마커스 윈터(Marcus Winter)의 견해에 따르면 올메까인들이 광대한 영토에서 널리 인정받을 수 있도록, 거시 지역에 공통적인 우주론적 개념 하나가 존재해야 했다. 같은 식으로 올메까의 권력 집단들은 자신들의 우월한 지위가 우주의 운행 원리에서 비롯된 것이라며, 그 지위에 상응하는 이데올로기적인 지원을 필요로 했다고 가정할 수 있다. 상징들 가운데 아주 중요한 것은, 예를 들어 우주나무(árbol cósmico) 다섯 그루인데, 그 나무들은 '세계 축(axis mundi)' 상부에서 싹이 트는 옥수수 줄기 형태의 중앙 표지가 있다. 그리고 역시 중요한 것은 인간의 두상처럼 생긴 상인데, 머리에 쐐기 모양의 균열이 있어 그 사이에서 옥수수 줄기가 나와 여러 세기를 거치면서 우주나무 또는 꽃피는 나무(Árbol Florido)의 상징들 가운데 하나가 된다. 올메까 문명의 기념비들에 새겨진 도상(圖像)에는 신성한 산(Monte Sagrado)의 일부, 즉 동굴 입구가 있는데, 그 동굴에서 사람 형상 하나가 나오고 있다. 고대 메소아메리카 시기가 끝날 때까지 지속된 특성을 이미 드러내 보이는 신성한 표상들이 이 시기부터 나타난다.

8. 다른 역사

　지중해 극동에 위치한 이베리아반도는 아주 다른 문화들의 수용과 융합을 위한 다리였다. 그 반도에서는 사람들이 도래하고, 저항하고, 서로 뒤섞이는 수천 년의 세월 동안, 어느 복합적인 옛 주민들이 이질적인 문화들의 핵심과 융합되었다. 아득히 먼 옛날, 이베리아반도의 주민은 이베로(ibero)들과 셸따(celta: 켈트)들이었다. 페니키아인들이 금속을 찾아 도착해서 가디르(Cádiz: 까디스)를 세웠다. 그리스인들이 와서 엠뽀리온(Ampurias: 암뿌리아스)을 세웠다. 카르타고인들이 로마를 위협하자, 오늘날 '이베르(Iber: Ebro) 땅'을 의미하는 '이베리아'라는 라틴어 이름이 붙은 이 반도의 정치체제를 통합한 로마인들이 카르타고인들에게 저항했다. 계몽되고 진취적인 유대인도 도착했다. 반달족이 아프리카로 가는 길에 이베리아반도를 통과했다. 비시고도족(Visigodo: 서고트)이 첫 번째 손님으로 왔다가 나중에 지배적인 주민이 되었다. 무슬림(베르베리아 사람들과 아라비아 사람들)이 자신들의 세련된 문화와 발달된 기술로 비시고도족을 대체했다. 이베리아반도는 자체의 가교적 성격과 인구 구성의 다양성으로 서구 전통을 형성하는 데 기여했고, 중부 유럽과 북아프리카의 지식이 유입되도록 했다.

　아메리카를 정복한 에스파냐는 막 정치적인 힘을 강화했는데, 15세기에는 서양의 전통에서도 새로운 시대로 진입하기 위해 다양한 왕국을 통일시켰다. 까스띠야와 아라곤은 왕가의 후손인 이사벨 여왕(Isabel I)과 페르난도 왕(Fernando II)의 결혼을 통해 결합했는데, 그들은 거대한 영토에 자신들의 지배권을 설정하면서 여러 귀족과 도시의 권력에 맞서 통합과 재조직의 정책을 시행하기 시작했다. 이런 목적을 위해 충분히 강력하고 결속력 있는 상징 하나가 필요했다. 왕들은 가톨릭을 수호하기로 했다. 교황 식스토 4세(Sixtus IV)는 이사벨 여왕과 페르난도 왕의 요청에 따라 이베리아반도에 거의 잊힌 종교재판소를 부활시키라는 교서를 공표했다. 종교재판소의 활동은 주로 비밀리에 제례의식을 행하던 개종자 무슬림을 탄압하는 데 집중되었다. 종교재판소 활동에 발맞춰서 왕들은 그라나다 알 안달루스(Al Ándalus)의 옛 무슬림 권력의 최후 보루인, 쇠약해진 이슬람 왕권을 상대로 이른바 '국토회복전쟁(Reconquista)'을 격화했다. 그라나다는 1492년에 함락되었다. 바로 그해, 승리한 왕들은 아마도 3세기부터 이베리아반도의 공동선을 위해 정착한 공동체인 유대인을 에스파냐 영토에서 추방하는 무시무시한 칙령을 자신들이 정복한 그라나다에서 공표했다. 몇 년 뒤인 1502년에 무슬림을 추방했고, 이와 더불어 이사벨 여왕과 페르난도 왕은 수천 년 동안 이베리아반도를 특징지었던, 다산적인 문명화 과정에 종지부를 찍었다. 에스파냐는 16세기 초 유럽이 에라스뮈스(Desiderius Erasmus)의 혜안으로 변혁의 시기를 맞았을 때 북쪽 또한 닫아버렸고, 종교개혁파들의 사상과도 담을 쌓았다. 이것이 바로 아메리카를 정복하고, 이사벨 여왕과 페르난도 왕의 손자인 까를로스 1세(Carlos I) 통치하에 메소아메리카의 역사로 들어온 에스파냐다.

9. 새로운 역사

이베리아반도에서 페르난도와 이사벨에 의해 강화된 불관용(不寬容)이 까를로스 1세와 더불어 세계적인 정책으로 변모했다. 역설적으로 말하자면, 이미 알려진 구세계에 자신의 세력을 확장해 감으로써 그 세계 위에서 희미하게 모습을 드러내던 에스파냐는 이단자와 이교도를 부정했다. 기독교의 수호와 보급은 에스파냐의 존재 이유였고, 에스파냐의 모든 정치 행위를 정당화했다.

두 번의 정복은 없었다. 에스파냐의 군사적인 진격과 패권주의적인 강압책은 이단자를 개종시킴으로써 증명되었는데, 이 강압책은 군사적·정치적인 지배와 더불어 시행되었다. 그렇듯, 아메리카 원주민의 노동력을 착취하는 것은 원주민에 대한 복음 전도를 위임하는 조치에 기반했다.[24] 아메리카 기독교화의 책임을 맡은 프란치스코 수도회, 도미니코 수도회, 아우구스티노 수도회는 각각 1524년, 1526년, 1533년부터 아메리카 영토를 분할했다. 에스파냐 수사와 원주민 수는 아주 크게 차이가 났으므로, 원주민을 개종시키는 데 엄청난 노력이 필요했음을 의미한다. 하지만 이 같은 수의 불균형을 통해 당시 대중 교육이 피상적이었다는 사실을 충분히 이해할 수 있다.

---

24 에스파냐는 식민지 아메리카에 '엔꼬미엔다(encomienda)'라는 제도를 만들어 정복 이주민들이 인디오들을 기독교도로 개종하고, 보호하고, 교육하면서 이들에게 노역과 공물 등을 요구할 수 있게 했다.

새로운 현실은 선교사들에게 자신들이 어떤 길을 선택해야 할지 갈등을 일으켰다. '강제적인 포교가 합법적인 것(그리고 기독교적인 것)이었을까?' 결국은 합법적인 것이 되었다. '기독교 성상들에 대한 숭배(성상 숭배)가 수용되어야 했을까? 또는 기독교의 성상 숭배를 원주민 신상(神像)들에 대한 왜곡을 조장하는 것과 연관시킬 수 있었을까?' 그것은 결국 프로테스탄트 개혁론자들이 주장하던 우상 파괴였기 때문에 수용되었다. 신들과 성인들 사이의(젊은 성 요한과 젊은 떼스까뜰리뽀까[25] 같은) 유사성을 이용하는 것은 비판받았지만, 그렇게 되었다. 원주민의 종교는 극악무도한 것으로 치부되고, 각 신상 앞에서, 신들에 대한 각각의 신비로운 이야기 앞에서, 과거의 신앙에 뿌리를 박고 회귀하는 문제 앞에서 기독교도들은 자신들이 무시무시한 악마의 상을 발견했다고 믿었다. 원주민들이 신참 신자였기 때문에 당장은 종교재판소의 재판으로부터 자유로웠다고 해도, 개종자라는 그들의 조건은 사제 서품을 받을 수 없는, 영원한 미성년자의 그것이었다.

원주민 종교를 말살하려는 에스파냐의 다양한 시도는 원주민과의 첫 접촉부터 신상을 부수고, 신전을 파괴하고, 대규모 종교의례를 폐지하고, 원주민 사제들을 박해하는 것으로 나타났다. 원주민 귀족들이 자신들의 권위로 사람들에게 영향력을 행사하도록 하기

---

25 떼스까뜰리뽀까(Tezcatlipoca)는 네 명의 창조신 중 하나로, 밤하늘을 주관하는 신이자 아스떼까의 주술의 신이며 왕과 전사들의 수호신이다. 나우아뜰로 '연기 나는 거울'이라는 뜻이다.

위해 귀족들부터 개종시켰다. 이 모든 것은 원주민 종교의 제도화를 약화했다. 하지만 원주민 종교에는 보통의 인간과 대지의 다산성을 연결해 주던 농업적이고 마을공동체적인 강력한 특성이 버팀목처럼 자리 잡고 있었다.

메소아메리카 사람들 대부분이 그 '새로운 진리'를 별 거부감 없이 받아들였다고 확언할 수 있다. 하지만 '새로운 진리'는 원주민들이 자신들의 진리에 보태기 위해 취득한 지식이었다. 그렇게 지식을 더함으로써 그들은 자신들의 지식이 기독교도들이 지닌 지식보다 상위에 있다고 해석했다. 어찌 되었든, 그들이 지배자들의 신앙에 새롭게 결합하는 방식은 기독교를 자신들의 전통적인 농업 기반과 부합하도록 성실하게 재해석하는 것이었다. 그 새로운 개념들은 세월이 흐르면서 변화되어 갔는데, 이런 변화는 원주민 자신들에게 강요된 식민지 상황에 문화적으로 대응하는 방식으로 이루어졌다.

10. 식민시대의 꼬스모비시온

식민 지배는 복속된 다양한 사회 사이의 소통 거리를 줄였다. 아울러 광범위한 영토에 에스파냐 사람들이 영향력을 행사한 정도에 따라 복음 전도 수준이 달랐기 때문에, 복음 전도의 깊이도 균질하지 않았다. 그럼에도 식민지에 마을공동체적이고 농업적인 강력한 공통의 기반이 존재하고, 강요된 식민지 체제에 대한 원주

표 3-1 식민시대 원주민 종교의 공통적인 면모

① 식민시대의 모든 또는 거의 모든 원주민 종교는 명목상으로는 기독교적이다. 일반적으로 신자들은 기독교도로 인정되었다.
② 식민시대 원주민 종교의 예배의식, 신앙, 제도는 마을공동체적이고 농업적인 기반에서 태어나 메소아메리카적이고도 기독교적인 요소들에 의해 발전했다.
③ 기독교의 성스럽거나 초자연적인 인물들은 재상징화되었다.
④ 식민시대 원주민 종교의 예배 의례 상당 부분은 가톨릭 제도에 종속되어 유지되었다.
⑤ 가톨릭의 전례와 조직이 재상징화되어 채택되었다.
⑥ 세대를 이어 전수된 지혜를 유효한 것으로 인정하는데, 그것을 흔히 '관습'이라 부른다.

민들의 반응이 유사했기 때문에 원주민들 사이에서 상당한 생각의 통일성 또한 유지될 수 있었다고 확언할 수 있다. 세계에 대한 기독교적 관념과 메소아메리카적인 관념이라는 아주 다른 두 형식 사이의 대립은 원주민들에게 다양한 지각 작용을 유발했다. 예를 들어 성스럽거나 초자연적인 인물에 관한 것인데, '아버지 신'은 하늘과 동일시되고, 그리스도는 태양과, 성처녀는 어머니 대지와 동일시된 반면 마을 수호성인들은(되도록 비밀리에) 메소아메리카의 옛 수호신들로 각색되었다. 그러나 악마는 극도의 악행 때문에 메소아메리카 사람들에게 제대로 이해되지 못했고, 성스럽거나 초자연적인 인물들 모두, 특히 그리스도와 성인들은 역사적인 실재로 받아들여지지 않았고 세상이 만들어지는 시간에 태초의 세계에 존재한 것들로 인정되었다. 다른 신앙들은 거부되거나 어렵게 이해되었는데, 그런 신앙들 가운데는 사람이 죽은 뒤 이 세상에

표 3-2 기독교와 메소아메리카 종교의 근본적인 차이점

기독교	메소아메리카 종교
적어도 명목적으로는 일신교	다신교
선과 악이 극단적으로 대립하는 이원론	필요한 자연과 생산적인 자연의 상보적이고 대립적인 이원론
세상이 끝날 때 악이 패배해 선으로부터 영원히 분리된다.	선과 악이 극단적이지 않다. 이 세상은 이 세상이 지닌 조건들과 더불어 유일하게 가능한 것이다.
인간은 저세상에서 자신의 운명을 결정하게 될 어떤 도덕을 지닌다.	인간의 도덕이 두드러지게 실용주의적이며 사회적이다. 인간의 행동거지의 주요 결과들이 현세적이다.
인간이 진정으로 존재하는 곳은 저세상이다.	인간이 진정으로, 온전히 존재하게 되는 곳은 이 세상이다.

서 지은 공과에 따라 영생한다는 것이 있었다.

식민적 꼬스모비시온의 구축은 여전히 지속되고 있다. 그 꼬스모비시온의 구축은 살아 있는 역사에 반응하는 지속적인 창조 행위다. 메소아메리카 원주민의 직계자손들이 거주하는 각 나라가 사회적·정치적으로 변화했음에도 불구하고 그 꼬스모비시온은 여전히 식민적이다.

_ 조구호 옮김

제4장
지식 탐구의 길

1. 메소아메리카 전통의 꼬스모비시온에 어떻게 접근할 것인가?

우리 연구의 목적은 독특한 구조, 예컨대 적어도 멕시코의 남쪽 절반과 중앙아메리카의 서쪽을 포괄하는 영토에 오랜 기간에 걸쳐 새겨진 복합적인 관념 구조를 이해하는 것이다. 이에 접근하기 위해서는 선택한 연구 방법들, 그리고 이를 통해 얻을 수 있는 지식과 관련된 몇 가지 설명을 먼저 정립해 놓는 것이 중요하다.

첫째, 꼬스모비시온을 정신적인 과정이 생산해 낸 역사적인 사건이라고 할 때, 첫 번째 문제는 우리가 모든 직접적인 관찰에 저항하는 행위들에 어떻게 접근할 수 있는지 그 방식을 결정하는 것이다. 정신적인 과정으로의 접근은 그 과정의 원인이 되는 행위들이 남긴 물질적 흔적에 관한 연구를 통해서 이루어지는 간접적인 것이다. 결과를 통해서 원인을 추론하려는 시도가 이루어진다. 그 방법들은 간접적이기는 하지만, 얻을 수 있는 지식은 대부분의 경우 경이롭다.

둘째, 지식 탐구의 방법들은 과학적이다. 규칙에 대한 분석은 사회과학에 적합하다. 주요 관점은 역사와 인류학의 관점일 것이며, 후자는 아주 광범위한 의미에서 고고학, 민족지학, 어원학, 언어학, 생물인류학을 포함하는 것으로 이해할 수 있다. 이러한 방법들을 선택한다고 해서 과학이 제공하는 다른 모든 방법을 무시하라는 것은 아니다.

셋째, 거대한 목적을 앞에 두고서, 극단적인 종합에서 예상 가능한 모든 결점에도 필자의 판단은 종합적일 것이다.[1] 어쩌면 필자가 지나칠 정도로 일반화를 주장할지도 모른다. 필자는 차이보다 유사성을 우위에 둘 것이다. 시간과 공간적으로 서로 떨어져 있는 사례들을 비교할 것이다. 그럼에도 항상 자료에 대한 학문적인 존중과 올바른 논리 구사를 규범으로 삼을 것이다.

넷째, 이용한 자료들이 균형 잡힌 정보를 주는 것은 아니다. 고고학에 의해서만 접근할 수 있는 역사적 시기가 있을 것이고, 사료, 도상학 또는 구전으로만 접근할 수 있는 시기가 있을 것이다. 그 결과, 얻어진 지식은 고르지 않고 이질적일 것이다. 예를 들면 식민시대 초기의 자료들이 멕시코 중부 원주민의 삶은 정확한 형

---

1   메소아메리카의 전통적 꼬스모비시온은 대단히 복잡한 연구 대상이다. 왜냐하면 오랜 시간에 걸쳐 기록되고, 아주 넓은 공간과 연관되어 있는 다양한 요소로 이루어진 역사적 사건이기 때문이다. 그러므로 제4장에서 적용되는 관점은 지극히 종합적이다.

태로 묘사하겠지만, 반면에 오아하까나 남동부처럼 문화적인 중요성이 큰 지역에 관해서는 충분하지 않을 것이다. 이제부터 이런 불균형적인 문제는 '멕시코식'으로 해석하게 될 것이다.

2. 역사학의 방법

분명하게 이해하기 위해서 모호한 것들을 설명하는 것으로 시작해야 하는 경우가 있다. 역사의 경우이다. 역사라는 말을 명확히 하려면, 그 명칭을 펼쳐서 그 안에 중요하고 상이한 두 가지 의미가 있음을 발견하는 것이 중요하다. '역사'라는 용어가 언급하는 것은 인간 집단들에서의 시간의 흐름이다. 모든 사람에게는 역사가 있다고 말한다. 하지만 동시에 이 용어는 특별한 인간 활동, 즉 사건들을 기록하는 활동을 일컫는다. 사회는 경험을 의식하는 존재이거나 그러한 존재라고 생각하는데, 우리는 미래에 다른 유사한 일들에 대처하기 위해서는 중요한 사건들을 기억할 필요가 있다는 것을 안다. 지식은 증거들을 아는 것으로만 제한되지 않아야 한다. 이야기는 다른 세대들에게 알려질 필요가 있다. 가치 있다고 생각하는 일들은 망각으로부터 보호되어야 한다. 그것들은 노래로, 이야기로, 춤으로 기억되며, 나무나 돌에 조각되고, 고문서에 그림으로 그려지고, 문서로 기록된다. 이러한 기록도 역사라 불린다. 이때 모호함을 없애기 위해서 의미를 명확히 하는 라틴어 용어가 사용된다. 사건들의 총체로서의 역사 '레스 게스퇴(res gestœ)'가 있을 것이고, 사건들의 기록으로서의 역사 '레룸 게스타룸(rerum gestarum)'이 있을 것이다.[2]

유년기와 청년기에 배운 오래된 정의들을 기억한다. 그러한 정의들에 따르면 역사는 위대한 사람들에 의해서 실현된, 두 번 다시 없을 중요한 과거 사건들의 기록이다. 그 무렵에는 이미 아날학파(École des Annales)가 더 나은 연구 결과를 생산하면서 필자가 소싯적에 배운 것들의 기원이었던 개념들을 뒤집어엎은 상황이었다. 하지만 새로운 생각들이 멕시코의 학교 교과서에까지 이르지는 못한 상태였다(그렇게 되기까지 많은 시간이 걸렸을 것이다). 한편으로는 아날학파나, 다른 한편으로는 초등학교 3학년 학생이었던 우리나 거의 매일 경악할 정도로 영화관 뉴스에서 상세히 보도되던 히로시마와 나가사키 원폭이라는 끔찍한 사건이 역사의 한 부분을 이루는 데 필요한 과거를 가지는지 묻지도 신경 쓰지도 않았다.

1929년 전간기(戰間期)의 프랑스에서 마르크 블로크와 뤼시앵 페브르[3]가 총체적인 사회사에 초점을 맞춘 연구 결과를 싣겠다는 생

---

2 '역사'라는 말에는 서로 아주 다른 두 가지 의미가 있어 종종 혼동을 일으킨다. 하나는 사건들에 관해서 언급한다. '레스 게스퇴'로서의 역사는 인간 사회에서 일어난 사건들의 총체다. '역사 서술(historiografía)'이라는 말은 넓은 의미와 좁은 의미로 이해될 수 있다. 넓은 의미에서 역사 서술이라는 말은 '레룸 게스타룸'으로 이해될 수 있으며, 따라서 그것은 역사적인 사건들의 기록을 말하는 것이다. 좁은 의미에서 이 말은 말로 표현된 기록에 관한 기록이다.

3 마르크 블로크(Marc Bloch)는 프랑스의 역사가로 뤼시앵 페브르(Lucian Febre)와 함께 ≪사회경제사연보(Annales d'histoire économique et sociale)≫를 창간, 아날학파를 결성했다. 그는 레지스탕스에 참여했다가 독일군에 총살당했다. 대표 저서로 『기적을 행하는 왕(Les Rois thaumaturges)』, 『봉건사회

각으로 《사회경제사연보》라는 잡지의 창간호를 발간했다. 조르주 르페브르(Georges Lefevre)와 그 시대의 다른 훌륭한 역사가들이 이 집단에 동참했다. 나중에 '아날(Les annales)'이라는 이름이 붙은 이 잡지에서는 사회의 모든 구성원이 역사의 주체로 인식되었다. 역사 기록의 초점은 인간에 의해서 발생하는 사건의 상이한 요소들의 상호작용에 맞춰져 있었으며, 그래서 집단심리, 교육, 시간의 흐름에 따른 가치들의 변화 가능성과 다양한 사회계층에서의 가치들의 차이에 주목했을 뿐 아니라 사회학적 연구와 경제학적 연구가 통합되었다. 이제는 연구자가 살고 있는 시대의 고유한 심리를 다른 역사 시기에 투사하는 것도, 보편적으로 받아들여지는 불변의 가치를 마음속에 품는 것도 불가능해졌다. 이러한 것을 토대로 '심성사(histoire des mentalités)'라고 불리는 것이 중요해졌는데, 그것은 주로 집단의 일상적인 삶의 과정에 주목했다. 사회의 다양한 수준의 고유한 관습, 신념, 민중적이거나 '체험적인' 종교의 사회적 실천처럼 역사적으로 아주 중요한 주제들이 발견되었다. 그래서 신화와 의례에 관심을 기울이게 되었다. 게다가 역사의 리듬이 구분되었는데, 앞서 살펴보았듯이 그것은 이 역사가 집

(La société féodale)』, 『역사를 위한 변명(Apologie pour l'histoire: ou métier d'historien)』 등이 있다. 뤼시앵 페브르는 마르크 블로크와 함께 정신적인 구조주의 역사학을 이끌었다. 대표 저서로 『펠리페 2세와 프랑슈콩테 (Philippe II et la Franche-Comté: étude d'histoire politique, religieuse et sociale)』, 『16세기 무신앙 문제(La Probléme de l'incroyance au XVIe siécle: la religion de Rabelais)』, 『미슐레와 르네상스(Michelet Et La Renaissance)』 등이 있다.

단의 구성원 중 한 명인 페르낭 브로델이 다룬 주제였다.

3. 역사를 어떻게 이해할 것인가?

'레스 게스퇴'로서 역사는 모든 것이 엮여 있고 모든 것이 역동적인 인간 사회가 경험하는 사건들의 총체다. 역사를 과거에 한정할 수 없다. 왜냐하면 현재에도 일어나고 있는 것이기 때문이다.

'레룸 게스타룸'으로서 역사는 사회적인 의식으로부터 탄생한 인간 활동이다. 그러한 의식은 시대마다 가치 있는 경험이라고 생각되는 것, 즉 사회집단에 의미 있는 것에 대한 기억을 보존한다. 기록은 문자로 쓰인 것에 한정될 수도, 구전된 이야기로 한정될 수도 없다. 그것은 현재에 있는 사람들과 미래에 올 사람들에게 운명적으로 정해진 모든 형태의 기록을 포함한다.

'레스 게스퇴'를 언급하게 되면 '선사(prehistoria)'라는 말이 불필요하다. 왜냐하면 인간은 인간보다 앞서 존재했던 종들의 집단적인 변화들 덕분에 현재의 특성을 갖기에 이르렀기 때문이다. '레룸 게스타룸'을 말할 경우에도 선사[4]는 역시 존재 이유를 갖지 못한

---

4   '선사'는 인류가 시작된 때부터 최초로 기록된 증거들이 출현한 때까지의 시기로 정의된다. 이러한 정의는 사회적 경험을 문자로 기록된 것에만 제한하기 때문에 부당하다. 이 정의는 경험한 것에 대한 사회의식은 태초부터 존재하며, 기억의 기록은 문자 이전에 있었던 많은 수단에 의해서도 이루어질 수 있다는 점을 고려하지 않았다. 이를 고려할 때 '선사'라는 개념은 타당하지 않다.

다. 왜냐하면 경험은 의식을 내재하며, 그러한 의식에는 기억이 필수 불가결하기 때문이다.

오늘날 누구를 역사가로 간주할 수 있는가? 운동의 변증법, 즉 상이한 리듬과 다양한 영역에서의 변화와 지속, 지속과 변화의 원인, 두 영역 간에 발생하는 충돌, 이러한 충돌의 결과를 분석하면서 사회적으로 일어나는 것들을 연구하는 모든 사람이다. 이러한 정의에는 전통적으로 역사가라고 생각되는 사람들뿐 아니라 사회학자, 경제학자, 민족학자, 고고학자, 생물인류학자, 언어학자도 포함되어 있다. 현재의 역사가인 기자, 정치학자까지 역사가다. 왜냐하면 일어날 수 있는 일, 심지어는 아직 일어나지 않은 일까지도 과학적으로 분별하려고 하기 때문이다. 우리의 활동들 사이에는 차이가 없는가? 주제, 관점, 방법, 무엇보다도 기술(技術)에서 차이가 있다. 하지만 목적은 같으며, 그것에 접근하는 가장 나무랄 데 없는 방법은 적용 가능한 관점들의 완벽성을 기하는 것이다. 그런 완벽한 역사학은 과학적이다.

4. 역사학의 과학성

과학으로서의 역사학은 인문학의 한 분야로, 객관적이고 입증 가능한 지식뿐 아니라 사회적 사건과 그 원리, 원인, 전개, 영향과 관련된 검증 가능한 제안들이 체계적으로 구조화되고 정리된 총체로 구성된다. 그러한 지식과 제안들은 일정한 전문가들의 관찰과 논리적인 추론에 토대를 둬야 하는데, 이 같은 추론은 실현 가능한 가설에 근거해 설정되고, 이론적인 토대에 의해 다듬어지며, 적절한 방법으로 얻어진 것이다.

(일반적으로 '**과학적 방법**'이라고 알려진) 적절한 방법은 체계적인 관찰을 필요로 한다. 이것은 재생산성을 가지고 있어야 한다. 말하자면 다른 연구자들에 의해서 반복될 수 있어야 하는데, 그 연구자는 같은 사실에 근거해서 같은 결과를 얻으며, 이를 통해 방법의 객관성을 입증한다. 게다가 관찰의 결과와 거기에서 나온 논리적인 추론들은 반대 증거들에 대해 대항할 수 있어야, 다시 말해서 반박할 수 있어야 한다. 이러한 조건은 과학적 지식이 반박할 수 없는 진실이 아니라는 것을 이해하게 해준다. 과학적인 지식은 논리적인 구축의 결과들이다. 하지만 결정적이지는 않다. 왜냐하면 항상 더 근거 있는 다른 것으로 대체될 수 있기 때문이다. 관찰의 엄격함과 그로써 작동되는 논리의 엄격함에 관해서 말하자면, 이것들은 방법을 사용하는 데 감정적이고 특혜적인 모든 근거를 거부하는 객관성을 갖춰야만 한다. 그러한 근거들은 이데올로기적이고 종교적인 단순한 신념의 산물이거나, 이러한 형태의 근거들을 공유하지 않는 과학자 집단에 대한 동의나 반박 가능성을 배제하는 다른 모든 것들의 산물이다.

앞의 문제 제기는 우리를 역사의 오랜 문제로 이끈다. 역사가는 연구의 결과물을 내놓을 때 편파적일 수 있는가? 다른 학문의 경우와는 달리 역사가는 사회적 실체로서 그리고 자신이 속한 공동체의 건설자로서 사회를 연구하는데, 그 공동체는 사회적 사건들의 결과에 따라 이익을 얻기도 하고 피해를 입기도 한다. 그에게 공정성을 요구하는 것은 세상에서 그가 점유하는 위치에 대한 인식의 결여를 요구하는 것과 같을 것이다. 만약 역사가가 편파적이라면 객관적일 수 있는가? 역사 서술 활동에서 한편으로 과학적인 방법에 관한 것과, 다른 한편으로 주제의 선정, 역사가의 이론적인 견해, 서술된 사건에 대한 판단에 관한 것을 구분해 보자. 이것들은 동일한 생산과정의 두 가지 영역이다. 동일한 저작에 이 두 가지가 다 있다. 예를 들어보자. 한 텍스트에서 어느 열정적인 기독교도 역사가가 자신의 과학적인 견해를 견지하면서도 원주민의 기독교 개종을 축하하고 강제적인 개종을 정당화하기까지 할 수 있다. 하지만 같은 텍스트에서 정복의 역사의 동력이 섭리주의[5]였다고 주장하는 것은 그에게 가능하지 않다. 그의 판단은 개인적인 영역에 속하며, 그 주장은 방법의 일부를 형성하고, 과학적인 훈련으로 확립된 규범들에 종속되어 있다. 역사가는 (객관적인) 과학자임과 동시에 자신의 연구 결과물을 바로 그 소통 집단에 내놓는 (양심적이면서도 편파적인) 사회 구성원이다. 수용자들은 연구 결과물에 대한 분리와 판단이 필요할 수 있다.[6]

---

[5] 섭리주의(providencialismo)는 지구상에서 일어나는 모든 일이 하느님에 의해 통치되고, 조절된다는 기독교에서의 믿음을 뜻한다.

[6] 역사가에게 현재의 사회적 사건에 무관심할 것을 요구할 수 있는가? 역사가가 사회적인 사건을 언급하면서 감정을 분출하고 표현할 때 그에게 객관적일 것을 요구할 수 있는가? 역사가가 과학적이라고 평가받기 위해서 자신의 취향, 선호, 정치적인 이념, 신념, 감정, 관습을 포기해야 하는가? 그의 직업에 종사하면서 그것들을 감추어야 하는가?

5. 역사학의 자료

특정 사회의 사건에 대해서 직접적이든 간접적이든 정보를 제공하는 자연적인 매체나 문화적인 매체는 모두 역사학의 자료다. 예를 들어 비인간적인 유적들과 인간적인 것들은 자연적인 것이다. 이를테면 고대의 특정 시기와 장소에 속하는 폐쇄적인 환경에서 얻어진 다양한 꽃가루는 비인간적일 것이다. 작물(作物)의 꽃가루가 증가한 데 반해서 야생식물의 꽃가루가 감소했다는 것은 어떤 시대와 공간에 농부가 존재했음을 보여줄 수 있다. 거두지 않고 놔둔 식물의 굳어진 흔적이나 과거 인간의 유해는 자연적인 것이지만 인간적인 것이기도 하다. 문화적인 것들은 주거의 잔해처럼 증거를 남기려는 의도 없이 이루어진 인간의 창조물일 수 있으며, 증언이 그렇듯이 사건을 입증할 목적으로 만들어낸 인간의 창조물일 수도 있을 것이다. 이 중 두 번째, 즉 사건의 입증을 목적으로 하는 창조물에 주의를 기울여서 그것을 만들어낸 사람들의 의도에 따라 분류할 경우, 역사 서술을 목적으로 한 것들(예를 들면 역사책)과 그러한 목적이 없는 것들(예를 들면 공증서)로 나눌 수 있을 것이다. 반면에, 기록의 형태에 따라 분류할 경우에는 대체로 문서적인 것과 비문서적인 것으로 나눌 수 있을 것이다. 예를 들어 비문서적인 것은 고문서의 그림이나 비문이 없는 무덤일 수 있으며, 반면에 문서적인 것은 언어에 기반한 어떤 체제로 기록된 메시지를 담은 것들일 수 있다. 문서적인 것은 그 기록이 어떤 매체에 단어들을 부호화해 기록한 경우 문자적인 것일 수 있다. 또는 디지털 방식으로 노래를 녹음한 것은 비문자적인 것일 수 있다.

특별히 역사가라고 불리는 우리 같은 전문가들은 글로 구체화된 것이든, 직접 구술된 이야기에서 비롯된 것이든 간에 문서적인 자료에 특권을 부여한다. 그렇지만 이러한 자료들이 우리의 연구에 허용된 유일한 것이라고 생각하지는 말아야 한다. 만약 모든 유형의 자료를 우리가 이용할 수 있게 된다면, 우리가 이미 설정해둔 문제들을 해결하기 위해 필요한 자료에 도움을 청해야 한다.

6. 고고학

우리가 이용할 수 있는 모든 자료 중 문서적인 자료의 정보를 강화하는 데 가장 가치 있는 형태로 기여하는 학문은 분명히 고고학이다.

역사가들이 받아들이는 가치와는 별도로, 고고학은 메소아메리카 꼬스모비시온 분야의 지식 탐구를 위한 방법 가운데 중 으뜸이다. 문서적인 자료가 후고전기 두 번째 시기의 사회적 삶에 대한 상세한 비전을 우리에게 준다면, 고고학은 메소아메리카의 모든 역사에 대해 답을 주면서 지식의 대부분을 제공하는데, 이 지식은 생물고고학, 언어학, 다양한 생물학, 화학 등 다른 분과 학문이 제공하는 것들로 보완되고 있다. 더욱이 사료에 근거한 역사학이 상세한 서술을 제공하는 시기에 관한 연구에서도 고고학의 가치는 떨어지지 않는다.

이렇게 말하는 것과, 어떤 탐구의 방법으로 드러난 사실이 다른 방법이 제시하는 사실과 경쟁한다고 생각하는 것 사이에는 상당한 거리가 있다. 양자는 보완되어야 하는데, 왜냐하면 결국에는 먼 과거의 동일한 창안자들로부터 나온 것이기 때문이다. 언젠가 어느 젊은 고고학자가 호의적이며 도전적인 태도로 나에게 말했다. "문서로 된 증거들은 거짓말을 합니다. 하지만 돌은 항상 진실을 말합니다." 과거 폴 키르히호프가 수업에서 우리에게 제기했던 것이 그때 떠올랐다. "모든 문서는 어느 정도 거짓말을 합니다. 하지만 가장 거짓말 같은 것(거짓 자체)에서조차도 정보를 얻어낼 수 있습니다. 모든 것은 텍스트를 비판적으로 다루느냐의 문제입니다." 당시에 필자는 돌에도 똑같은 일이 벌어진다고 생각했다. 고고학적인 자료는 심층적인 지식, 상세한 분석, 집중적이고 비판적인 작업을 통해 만들어져야 한다.

좋은 고고학자는 또한 모든 자료에 열려 있어야 한다. 식민시대 초기의 자료들은 물질적인 연구 대상들과 관련된 문화적인 맥락에 관한 정보를 그에게 제공할 것이다. 민족학의 일반적이고 특수한 이론적 토대는 연구자에게 비교를 통해서 그 대상들의 용도를 이해할 수 있도록 해줄 것이다. 천문학적 지식은 연구자에게 고대 건축가들이 모색한 방향성을 알게 해줄 것이다. 돌은 말이 없다.

7. 민족학과 민족지학

민족학(etnología)과 민족지학(etnografía)은 당연히 역사라고 정의되는 것의 광범위한 덮개 아래에 있다. 이 두 학문은 각각 특수성이 있는데, 이 특수성은 문화적 다양성이라는 관점으로 문화적인 사건들에 접근하는 인류학이 지닌 특수성과 유사한 것이다. 따라서 이 학문들의 연구는 단일성/다양성이라는 쌍을 이루고 있는 문제에 대해서 이루어진다. 민족학과 민족지학의 고유한 두 번째 특수성은 연구의 주요 대상이 살아 있는 전통이라는 것이다. 이 두 학문은 고유한 방법과 특수한 기술을 가지고 있으며, 민족지학은 현재의 전통에 대한 서술을 지향하는 활동으로서 직접적인 관찰과 증거 수집을 위한 방향으로 학문의 방법과 기술을 이끌고 연마하고 있다.

민족학과 민족지학은 멕시코와 중앙아메리카에서 훌륭한 전통을 간직하고 있다. 지난 세기와 현재에 이 두 분과학문은 다른 학문에 상당한 의견과 정보를 제공했다. 분명히 이 두 학문은 메소아메리카 전통의 두 번째 시대를 연구하기 위한 기본적인 학문이며, 그와 더불어 메소아메리카의 과거와 현재를 비교 연구할 수 있는 가능성을 열어주고 있다.

그럼에도 불구하고, 이러한 비교 행위는 일부 전문가들 사이에서 강력한 비판을 불러일으켰다. 그들은 정복, 복음화, 식민지 삶의 충격이 원주민의 문화를 엄청나게 변화시켰기 때문에, 과거와 현재를 비교하는 것이 부질없다고 생각한다. 그리고 그들은 민족학과 민족지학을 이해하기 위해서, 혹은 이 두 학문이 제공하는 지식으로 과거에 대한 연구를 보완하기 위해서 과거에 대한 연구를 이용하는 것이 타당하지 않다고 지적한다.

필자의 경우 고대사를 연구할 때 최근의 현실에 대한 지식에서 벗어날 수 없다고 생각한다. 민족학자들과 민족지학자들의 연구는 필자의 주요 연구 대상의 많은 측면을 분명하게 밝혀주었다. 더욱이 메소아메리카의 전통은 하나의 역사적인 과정으로서, 오랜 시간에 걸친 문화 창출에 대한 관찰에 관심 있는 사람들에게 이례적인 연구 가능성을 제공한다고 생각한다. 기독교의 영향과 기나긴 식민기 동안 발생한 변화들을 부정하는 것은 아니다. 현재의 전통을 두 가지 흐름, 즉 메소아메리카적인 것과 기독교적인 것에 모두 속하는 것으로 보며, 그것은 부정될 수 없다. 식민시대의 원주민 전통이 지닌 고유의 동력은 메소아메리카적 원천은 물론이거니와 기독교적인 원천에서 나온 것이 아니라 식민지 시대 고유의 삶의 산물이라는 점도 고려하고 있다. 현재와 과거의 혹은 과거와 현재의 모든 직접적이고 기계적인 비교는 이치에 맞지 않으며, 근거가 없는 것이라고 비난받아야 한다고 생각한다. 하지만 수천 년 동안 형성된 농업적인 삶의 모태가 고대 메소아메리카인들의 후손들 사이에서 사라져버렸다는 것은 인정할 수 없다. 아무리 위대한 변혁들이 지구의 얼굴을 바꿔놓았다 할지라도, 문화적인 연속성에 대한 외면은 세계의 어떤 문화에서도 타당하지 않은 주장일 것이다.

두 개의 시간적 양극단 사이에서 이 연구는 어떻게 도움을 줄 수 있는가? 첫째, 변화의 동력을 이해하는 것이다. 둘째, 다른 문화적인 요소들보다 훨씬 더 강력하게 변화에 저항하면서 영속과 변화를 구조화하는 역할을 해온 그 '핵심', 즉 변화의 동력을 고찰하는 것이다. 핵심은 변화했지만, 그 모든 변화에도 불구하고 전통의 중심축이 되어왔다.

8. 메소아메리카 전통의 꼬스모비시온 연구자

메소아메리카의 일반적인 전통과 그것을 구성하는 개별 전통에 대한 전체적인 고찰은 지난 세기뿐 아니라 현재까지도 수많은 연구자의 관심 대상이었다. 사상 체계들에 대한 고찰도 그랬다. 여기에서는 풍부한 역사적·민족지학적 연구 성과물을 생산한 연구자들 중에서 탁월한 몇 사람을 골라 언급할 것이다. 모든 선택이 그러하듯, 필자가 뽑은 것 또한 불완전하고 부당하다고 생각될 수 있을 것이다. 그렇다 해도 부정할 수 없이 중요한 연구자들만을 언급하려고 노력했다.

1940년 자크 수스텔(Jacques Soustelle)은 『고대 멕시코인들의 우주론적 사상(Le pensé cosmologique des anciens mexicains)』이라는 책을 출판했는데, 이 책의 주제는 후고전기 멕시코 중부의 촌락들에 초점을 맞추었다. 그는 이 책에서 신의 이중성, 창조신화, 주요 신, 천체와 하늘, 식물과 비에 대한 숭배, 죽은 자들의 운명, 지표면의 네 부분으로의 분리 등을 다루었다. 이 책은 1959년에 뿌에블라에서 에스파냐어로 번역되어 출간되었다. 이 주제는 몇 년 후 새롭게 그의 관심사가 되어서, 결국 에스파냐어 번역본은 『아스떼까인들의 우주(El universo de los aztecas)』라는 제목으로 재출간되었다.

1956년에 미겔 레온-뽀르띠야(Miguel León-Portilla)는 『나우아의 자료들로 연구된 나우아철학(La filosifía náhuatl estudiada en sus fuentes)』을 출판했는데, 이 책은 아주 많은 재판본과 번역본을 가진, 대단히 호평받은 책이다. 또한 이 책은 나우아뜰로 쓰인 고대 텍스트들의 상세한 번역과 분석을 토대로, 멕시코 중부의 고대 사상에 관한 기본 주제들을 다루었다. 그의 시각은 저작의 제목이 보여주는 것처럼, 두드러지게 철학적이다.

한편 인류학 연구 중에서 예외적인 주제 범위와 관점을 가진 현재 원주민의 사상에 관한 연구들과, 현재 사상에 접근하는 데 적절하다고 생각되는 이론적인 개념들을 명확히 하면서 원주민 꼬스모비시온의 특정 문제에 접근한 연구들을 구분할 필요가 있다.

원주민 사상의 매우 사회적인 차원에 대한 이해를 제공하는 연구로는 1948년에 출판된 리까르도 뽀사스 아르시니에가(Ricardo Pozas Arciniega)의 『후안 뻬레스 홀로떼: 어느 초칠족의 전기(Juan Pérez Jolote: Biografía de un tzotzil)』가 있다. 이 책은 문학적·인류학적 우수성으로 대단히 호평받았다. 그 후, 처음에는 1961년에 영어로, 1965년에 에스파냐어로 같은 부족의 사상을 체계적이고 심층적으로 묘사한 책, 즉 깔리차 기떼라스 올메스(Calizta Guiteras Holmes)의 『영혼의 위험들: 어느 초칠족의 세계관(Los peligros del alma: Visión del mundo de un tzotzil)』이 출판되었다. 리까르도의 책과 마찬가지로, 이 책은

표 4-1 메소아메리카 연구자

자크 갈리니에르 오또미족의 꼬스모비시온에 대해 통합적으로 연구하고 있다.	**호아나 브로다** 종교에 대한 총체적인 시각으로 원주민의 꼬스모비시온을 정리하고 있다.
곤살로 아기레 벨뜨란 우주에 대한 포괄적 시각으로서 '세계 이미지'를 원주민의 현실에 적용했다.	**펠릭스 바에스-호르헤** 전통의 현재와 과거를 흥미롭게 비교했다.
알레싼드로 루뽀 우주론을 우주를 이해하기 위한 모델이라고 말하며, 비교 연구를 옹호한다.	**알리시아 마벨 바라바스와 미겔 알베르또 바르똘로메** 메소아메리카 전통의 광범위한 지역에 대한 통합적이고 상세한 연구를 했다.
마리아 아나 뽀르딸 아리오사 원주민의 꼬스모비시온은 사회집단이 공유하는 상징적 구조라고 주장한다.	
안또넬라 파게띠 원주민의 꼬스모비시온은 세계, 우주, 자연현상, 삶에 대한 원주민의 질문에 대한 답이라고 주장한다.	**안드레스 메디나 에르난데스** 원주민의 꼬스모비시온에 관한 연구를 비롯해 원주민 사회의 조직과 멕시코 인류학의 역사에 관한 전문가다.

이 분야 학문 연구에서 반드시 필요한 책의 반열에 올랐다.

최근 수십 년 동안 총체적인 관점에서 원주민 사상이라는 주제를 다룬 연구자들 중에서는 오또미(Otomi)족을 연구한 자크 갈리니에르(Jaque Galinier)가 두드러지며, 꼬스모비시온의 정의를 제공하고 멕시코인들의 사회적·정치적 관계뿐 아니라 신앙, 농업에 대한 종교적인 숭배, 인간과 자연환경과의 관계까지 연구한 호아나 브로다(Johanna Broda)가 돋보인다.

고대 메소아메리카 세계에 관한 연구를 현재와 연결 지은 연구자 중 한 사람은 베라끄루스 출신 곤살로 아기레 벨뜨란(Gozalo Aguirre Beltrán)이었는데, 그는 현재의 멕시코 원주민의 생활 조건에 대해 통합적인 관점에서 특별한 관심을 기울였다. 우주에 대한 포괄적인 시각을 이해하고, 원주민의 현실에 '세계 이미지(imago mundi)'라는 개념을 적용하게 된 것은 그 덕분이다. 또 다른 베라끄루스 출신 펠릭스 바에스-호르헤(Félix Báez-Jorge)는 특별히 종교적인 관점에서 고대문화와 현재 문화 간의 소통에 열렬한 관심을 보였다.

다른 한편으로 원주민 사상에 접근하기 위해서 농촌에서의 오랜 경험과 이론적인 토대에 대한 성찰을 결합시키는 것이 최근에 알레싼드로 루뽀(Alessandro Lupo), 미겔 알베르또 바르똘로메(Miguel Alberto Bartolomé), 알리시아 마벨 바라바스(Alicia Mabel Barabas), 마리아 아나 뽀르딸 아리오사(María Ana Portal Ariosa), 안또넬라 파게띠(Antonella Fagetti) 같은 인류학자들의 특징이며, 멕시코 인류학의 역사에 관한 연구자로는 꼬스모비시온을 연구하는 데 특별히 관심이 있는 안드레스 메디나 에르난데스(Andrés Medina Hernández)가 있다.

_ 김윤경 옮김

제5장
우주의 작용과 신성한 것의 존재

1. 우주의 대구획

농부가 밀빠[1]의 흙덩이를 부수려고 땅에 막대기 삽을 박는 순간 그의 머리에 아주 다양한 이미지가 몰려올 수 있다. 아련한 장면들, 그러니까 밀빠와 관련된 유사한 이미지들, 또는 아마도 다음 우기가 불규칙하지 않을까 하는 두려움이나, 수확에 대한 기대감이나, 씨앗을 싹트게 하는 자극들이나, 하늘을 보기 위해 땅을 헤치고 솟아나는 싹 등으로 농부를 이끌어주는 이미지들이 있을 것이다. 우주는 그 특이성, 그 변화, 그 대립적인 것들을 이야기하기에는 너무나도 복잡하다. 우주를 전체적으로 축소해서 부분들을 응집할 필요가 있다. 그러니까 우주의 부분들을 분류해 집단화하

---

1   밀빠(milpa)는 메소아메리카의 친환경 작물 재배 체계로, 흔히 옥수수, 강낭콩, 호박을 경작한다.

고, 우주의 법칙을 발견하고, 우주의 숨겨진 의도를 찾아내고, 우주 시간의 경과에 다양한 의미를 부여할 필요가 있다는 것이다. 그 의미들을 정리하고, 분류하고, 이해하고, 널리 알려야 한다. 한 발 한 발 확실하게 나아가야 한다.

눈앞에 모든 것이 드러나지는 않는다. 만약 씨앗이 '썩어' 땅의 어두컴컴한 배 속에서 부풀어 오른다면, 그리고 만약 정자가 '썩어' 어머니의 자궁 깊은 어둠 속에서 부풀어 오른다면, 씨앗과 정자에 스며든 물의 보이지 않는 힘 덕분에 씨앗의 핵과 정자의 핵이 세상 빛을 보게 된다.

그 어떤 것도 절대적으로 안정적이지는 않다. 산은 계곡으로 퍼져나가는 진흙 속으로 무너져 내린다. 진흙을 휩쓸어 가는 물이 길에 놓여 있는 돌을 부순다. 시간이 모든 것을 변화시킨다. 시간은 어디서 오는 것일까? 시간은 자신의 작업을 끝내고 어디로 가는가?

거대한 용기(容器)인 달은 매일 밤, 낮 세상에 물을 뿌린다. 하지만 달이 가진 물의 빛은 차츰차츰 사그라지고 천천히 다시 나타나 마침내 다시금 달의 가장자리에 도달한다. 빛이 다시 나타나고 다시 죽는 절차는 항상 동일한 체계로 이루어진다. 누가 그 절차를 측정하는가?

두 가지 유형의 물질이 있다. 하나는 분명하고, 조밀하고, 무겁고, 감각기능을 통해 인지할 수 있다. 보고, 만지고, 냄새 맡을 수 있다. 다른 것은 자체가 지닌 효과를 통해 발견될 수 있는 것으로, 연하고, 가볍고, 감지할 수 없다. 그 둘은 공존하고, 세상의 모든 현상에서 상반된 것으로 설명된다. 또한 물질의 그 두 가지 유형

은 물질의 성질이 지닌 다양성에서 이해되어야 한다.[2]

물질의 성질은 두 가지인데, 각 존재의 특성은 그 두 가지 성질의 비율에 따라 결정된다. 한편으로 그 성질은 차가운 것, 습한 것, 어두운 것, 약한 것, 열등한 것, 물기가 많은 것, 야성적(夜性的)인 것, 여성적인 것, 최초의 것에 내재해 있고, 또 그 성질을 드러내는 훨씬 더 많은 존재에 내재해 있다. 이 성질은 상반되는 것을 만들어내는데, 그것은 뜨겁고, 건조하고, 빛나고, 강하고, 우등하고, 불같고, 주성적(畫性的)이고, 남성적이고, 파생적이다. 또한 두 번째 성질은 첫 번째 성질을 만들어내며, 그 이유는 우주에 상반되는 거대한 주기가 하나 있기 때문이다. 그 어떤 성질도 다른 성질 없이 존재할 수 없다. 이 두 성질은 자신과 반대되는 다른 성질에 근거한다. 그 상반되는 성질들을 통해 변화가 이루어진다.[3]

앞에서 언급한 내용은 우주의 구획에 대해 알게 해주는데, 그 존재들의 총체성이 그 물질의 유형과 지배적인 성질에 의해 네 개의 구획에 분배되어 있기 때문이다. 조밀한 존재들에서 피조물(criatura),

---

2   메소아메리카의 사상에서는 두 가지 존재물 사이에 분명한 차이가 있다. 한 가지는 연하고 지각할 수 없는 물질로 구성되어 있는데, 이는 신들과 다른 세계에서 비롯된 다양한 힘이다. 다른 한 가지는 조밀하고 지각할 수 있는 물질로 이루어져 있는데, 이는 별, 물, 불, 동물, 식물, 광물이다.

3   이는 동양의 음양론과 유사하다. 이 세상은 변증법적인 대립 형질로 불릴 수 있는 음양과 같은 상반되는 성질을 가진 물질이나 음양의 순환운동으로 구성되어 있다고 볼 수 있다. "陽長則陰消 陰消則陽長(양이 자라면 음은 소멸하고, 음이 소멸하면 양이 자란다)", "陽根於陰 陰根於陽(양의 근원은 음에서 나오고 음의 근원은 양에서 비롯된다)", "孤陰不生 孤陽不長(음은 홀로 살지 못하며 양은 홀로 자라지 못한다)".

박스 5-1 물질의 유형과 성질

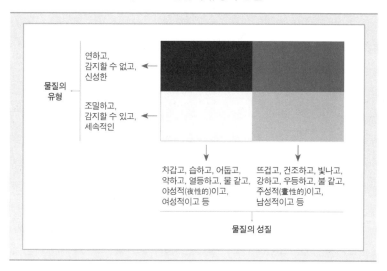

물질의
유형

연하고,
감지할 수 없고,
신성한

조밀하고,
감지할 수 있고,
세속적인

차갑고, 습하고, 어둡고,
약하고, 열등하고, 물 같고,
야성적(夜性的)이고,
여성적이고 등

뜨겁고, 건조하고, 빛나고,
강하고, 우등하고, 불 같고,
주성적(晝性的)이고,
남성적이고 등

물질의 성질

즉 인간과 감지할 수 있는 모든 주위 환경이 식별된다. 가벼운 존
재들은 세상을 움직이게 하는 자신들의 행위를 통해 감지된다. 이
존재들은 세상 모든 것을 활성화하고 변화시킨다. 이 존재들의 많
은 것이 주기들에서 생성되는데, 이 주기들은 아주 다양한 크기로
변화하면서 순환한다. 만약 그 변화가 그 존재의 현존과 부재를
나타낸다면, 앞서 공식화된 질문들로 돌아가야 한다. 그 존재들은
어디서 오는 것일까? 어느 공간으로 돌아갈까? 그것들이 현존하지
않을 때는 어디서 어떻게 있을까? 만약 그것들이 이 세계로 온다
면 그것들이 출발했던 다른 세계를 생각할 필요가 있고, 이 두 세
계 사이에는 정확한 순환을 허용하고 조절하는 문이 있다는 사실
을 이해해야 한다.

2. 상보적이고 대립적인 것의 결합

모든 것은 물질의 두 가지 성질로 구성되어 있다. 이 두 가지 성질은 내부적으로 서로 대립하고, 주위 환경에 저항한다. 두 가지 성질은 존재의 내부를 움직이고, 외부를 우주 속에 역동적으로 위치시킨다. 연한 물질로 이루어진 존재들은 물질 속 두 가지 성질의 비율에 따라 세상에서 자신들의 기능을 수행한다.[4] 그런 식으로 비의 신들과 죽음의 신들은 물 같고, 차갑고, 어두운 물질들을 더 많은 비율로 가질 것이다. 멕시코 중부에서 비의 신들과 죽음의 신들은 독특한 종이옷을 입은 형상인데, 메소아메리카 전역에서 비와 죽음은 차가운 성질을 지녔음에도 삶의 출발점이었다. 비의 주인도 죽음의 주인도 완전히 차갑지는 않을 것이다. 태양 또한 완전히 뜨겁지는 않을 것이다.

존재의 본성이 외부로 드러난 특징과 항상 일치하지는 않는다. 많은 경우에 본성은 그 외부적인 특징과 반대되는 것처럼 보일 수 있기까지 하다. 그렇듯 남성적인 성질과 여성적인 성질이 반드시 개체의 성을 나타내는 것도 아니고, 뜨거운 성질과 차가운 성질이 반드시 온도를 의미하는 것도 아니다. 우박처럼 차가운 기질을 지닌 존재는 따스한 본성을 가지는데, 이런 성질이 식물을 말려버린

---

4 물질의 두 가지 성질은 대립적인 것과 상보적인 것이다. 상보적이고 대립적인 것들은 연한 물질로 이루어진 존재뿐만 아니라 피조물을 만들기 위해 각기 다른 비율로 뒤섞인다. 각 존재에서 이루어지는 상보적이고 대립적인 결합은 그 존재를 움직이게 해준다.

다. 어느 존재를 두 개의 완벽한 성질로 분리할 수 없을 것이다. 뜨거운 부분에는 늘 뭔가 차가운 것이 있을 것이고, 마찬가지로 차가운 부분에는 뭔가 뜨거운 것이 있을 것이다.

물질의 성질이 지닌 다른 특유성에 관해 말하자면, 그 특유성을 결정짓는 부차적인 상황과 특성이 있고, 특유성의 '정상적인' 균형이 바뀔 수 있다. 지난 세기 후반 초입에 윌리엄 매드슨(William Madsen)은 멕시코시티 남부에 있는 아후스꼬(Ajusco) 주민들 사이에 존재하던 상보적이고 대립적인 요소들에 관해 연구했는데, 그는 다음과 같은 정보를 받아 저서 『처녀의 아이들(The Virgin's Children)』에 수록했다.

사람의 일부 유형은 뜨겁거나 차갑다고 분류된다. 백색증 환자는 하얀색이 차가운 색깔이기 때문에 성질이 아주 차갑고, 흑인은 검은색이 뜨거운 색깔이기 때문에 성질이 뜨겁고, 욜치칙한[5] 사람은 피가 쓰기 때문에 성질이 뜨겁다. 쌍둥이는 '소살(xoxal)'이라 불리는 차가운 질병을 유발하기 때문에 성질이 차갑다. 세쌍둥이는 대부분의 사람처럼 온화하다.

그리고 다음과 같이 덧붙인다.

사람의 감정 상태는 그 사람의 체온을 바꿀 수 있다. 역시 쓴 피를 지닌

---

5   욜치칙(yolchíchic)은 흔히 성질이 못되고, 질투심이 강하고, 거칠고 폭력적인 것을 가리킨다.

욜치칙한 사람의 성질이 뜨겁다 할지라도, 불만이 아주 많은 사람은 쓴 피를 만들어내고 성질이 차갑다. 분노뿐만 아니라 슬픔도 피에 쓸개즙을 넣어주어 사람이 차가워지게 만든다. 화를 내는 사람은 뜨거워 보일 수 있으나, 그의 기질이 피부를 통해 몸의 열을 밀어내서 몸을 차갑게 한다.

이 주제에 관해서는 이 장에서 메소아메리카의 분류 개념에 관해 다룰 때, 다시 언급할 것이다.

3. 에꾸메노와 안에꾸메노

우리는 존재하는 것의 총체를 우주(cosmos)라고 이해한다. 메소아메리카 전통은 우주를 두 개 구역으로 분류해 왔다. 각각의 구역은 시간과 공간의 성질과 크기가 다를 것이다. 세계는 피조물의 시간·공간인데, 이 '세계'라는 차원에서 직접적인 지식이 다양한 감각을 통해 획득된다. 그리스어의 '오이코스(oikos: 집)'라는 말에 의존하자면, 세계를 '에꾸메노(ecúmeno)'라고 명명할 수 있다. 반대로 이 용어에 반대를 의미하는 접두사 'an'을 붙이면, 그 다른 시간·공간(인간의 지각력 너머에 있는 것)은 '안에꾸메노(anecúmeno)'라는 이름을 붙일 수 있을 것이다.

에꾸메노는 피조물의 집이다. 안에꾸메노는 그렇지 않은데, 안에꾸메노는 조밀하고 지각할 수 있고 세상에 있는 물질과 단절되어 있다. 가볍고, 연하고, 감지할 수 없는 물질로 이루어진 존재들

표 5-1 안에꾸메노와 에꾸메노

안에꾸메노	에꾸메노
● 연한 물질로 이루어진 존재	각각의 존재: 피조물, 모든 조밀한 물질 (그럼에도, 모든 것은 연한 물질로 이루어진 영혼을 가진다) ● (피조물과 공생하는) 연한 물질로 이루어진 존재

만 안에꾸메노를 점유한다. 그럼에도 이 가벼운 본성의 존재들 역시, 영속적인 형태로든 주기적이거나 우연적인 변화를 하면서든, 세계를 점유한다.

이 책의 다른 장에서 피조물 각자가 어떻게 해서 이중적인 구성성분을 가지는지 살펴볼 것인데, 이는 외면이 조밀한 물질로 이루어진 반면에 영혼은 연한 물질로 이루어져 있기 때문이다. 메소아메리카 사람들의 생각 속에서 세상 만물은(이 가운데 별, 4대 원소[6], 산, 계곡, 아무런 의미가 없는 모든 것과 심지어는 인공적인 사물도) 여기서 우리가 영혼이라고 명명하는 그 연한 무언가를 자신의 내부에 지닌다.

안에꾸메노는 에꾸메노의 원천(源泉)이었다. 세계는 신들의 의도

---

6   4대 원소는 물, 불, 공기, 흙이다.

에 따라 창조되었는데, 신들은 자신들의 시간·공간을 기반으로 세계의 외형적 특성을 결정했다. 세계의 운명은 영원하지 않다. 그 신성한 의지가 세계의 종말을 명령하는 순간, 즉 옛 마야인들이 '부띡(butik)'이라 부르던 그 순간이 도래할 것이다. 멕시코 중부 주민들은 52년 주기가 끝날 때마다 도래할 종말을 두려워하며 기다렸고, 그래서 끝나는 주기와 시작되는 주기가 만나는 순간에 거대한 의식을 치러가며 엄숙하게 지냈다.

안에꾸메노와 에꾸메노는 서로 소통한다. 신성한 차원에서 나온 다양한 힘과 신들이 세상을 대폭 변화시키려고 매일 스며든다. 같은 식으로, 인간은 신들에게 노래, 춤, 제물, 간원, 기도를 바칠 능력이 있다. 자신을 헌신하는 모든 것의 내부에 있는 연한 부분은 신전, 광장, 사원의 안마당, 제단에서 나와 다른 시공간에 있는 목적지에 도달해 그 안으로 들어갈 수 있다. 우리가 흔히 문 또는 문지방이라 부르는 통과 지점은 어떤 것이 거저 통과하는 것을 허용하지 않는다. 모든 통과는 신들에게 가는 것일지라도, 통제된다.

세상에는 영속적으로 또는 일시적으로 신성한 것이 많이 있는 장소들이 존재한다는 사실을 알 필요가 있다. 오늘날 그런 장소들은 에스파냐어로 '주술에 걸린 곳(encantos)'이라 불리고, 그 특성은 '조심스러운(delicados)'이라는 말로 설명되는데, 이는 그런 곳에 마땅히 지녀야 할 경외감 없이 접근하거나 다루려고 할 때 위험이 존재한다는 사실을 알려준다. 수많은 '주술에 걸린 곳'은 문지방에 의해 이루어진 전염 때문에, 또는 가벼운 물질로 만들어진 존재들이 그런 곳에 살기 때문에 위험하다. '조심스러운' 자연의 예는 사원과 사원의 안마당, 기적이 일어난 곳, 동굴 입구, 샘이고, 인공적인 것들에 관해 말하자면 신들과 성자들의 이미지, 복식(服飾)이다.

4. 신성한 것에 관한 논쟁

역사적·고고학적 연구가 드러내는 문제 가운데 상당수는 연구에 적용된 개념뿐만 아니라 개념을 나타내는 용어에서 비롯된다. 하나의 개념 또는 그 개념의 명칭은 그것들을 만들어낸 전통 안에서 적절할 수도, 부적절할 수도 있다. 하지만 개념의 속성이 그것들이 만들어진 문화 속에서는 수용될 수 있다 할지라도, 그 속성이 부지불식간에 다른 전통으로 옮겨지면 개념과 용어가 완전히 부적합하거나 이따금 모호해질 수 있다. 그런 경우에 새로운 기술적 도구들, 즉 새롭게 적용되는 문화적 현실에 부합하는 개념 또는 용어를 만들 필요가 있을 것이다.

우리가 다루는 분야에서 어려운 개념 가운데 하나는 틀림없이 신성한 것에 대한 개념이다. 신성한 것은 서구 전통에서 등장한 것으로 다양한 논쟁의 대상이 되어왔는데, 그런 논쟁에서 19세기와 20세기의 저명한 사상가들이 눈에 띈다. 허버트 스펜서(Herbert Spencer), 막스 뮐러(Max Müler), 에밀 뒤르켐(Émile Durkheim), 에드워드 에번스-프리처드(Eduard Evans-Pritchard,), 에드먼드 리치(Edmund Leach)를 언급할 수 있는데, 이들은 수십 년 동안 일련의 흥미로운 추론을 이끌어냈다. 그렇듯 뒤르켐은 만약 신성한 것의 힘이 요구하는 예방책들이 마련되지 않는다면 신성한 것과 접촉하는 것은 위험하기 때문에, 신성한 것이 다양한 금제(禁制)에 의해 보호되고 고립되는 특성이 있다는 논리를 고수할 것이다. 이런 위험이 신성한 것과 세속적인 것을 구분한다.[7] 에번스-프리처드[8]뿐만 아니라

---

7 뒤르켐은 종교가 '무엇보다도 과학을 넘어서고, 더 일반적으로 자신과 다른 생각을 넘어서는 공리의 일종'이라는 점을 받아들이지 않았다. 종교적인 영역이 인식할 수 없고 이해할 수 없는 세계로 이해되는 초자연적인 것으로 구성되어 있을 것이라는 점 또한 받아들이지 않았다. 뒤르켐이 한 말에 따르면 원시 인간에게는 자신이 행사한 힘이 전혀 신비롭지 않은데, 왜냐하면 그 힘이 오늘날의 물리학의 중력이나 전력보다 더 이해할 수 없는 것이 아니기 때문이다. 뒤르켐은 종교적인 믿음이 세상을 두 개의 상반되는 영역, 즉 세속적인 것과 신성한 것으로 구분한다는 생각을 선호했다. 신성한 것은 인격적인 존재(신, 귀신)뿐만이 아니라 자유롭게 접근할 수 없는, 그래서 접촉하려면 섬세한 작업이 요구되는 그 모든 것(대상, 단어, 의례, 제스처, 양식) 또한 함축한다. 뒤르켐에 따르면 "신성한 것들은 금제가 보호하고 고립시키는 것들이다. 세속적인 것들은 그런 금제가 적용되는 것들로, 이들은 신성한 것들과 거리를 유지해야 한다"고 한다. 종교는 성(聖)과 속(俗)의 구별에서부터 시작된다. 원시사회에서부터 인간은 모든 대상을 성과 속으로 구분했고, 신성한 대상에게는 특별한 의미를 부여하면서 종교가 시작되었다. 성과 속은 사회적으로 규정된다. 즉, 성과 속의 구별은 대상 자체의 속성 때문이 아니고 집단 성원들이 그런 의미를 부여한 것이다. 사회 구성원들이 집합적인 생각에 따라 성스럽다고 규정한 대상은 사회적 사실로 인정되고, 이것은 종교의 형태로 개인 생활을 지배한다. 뒤르켐은 종교를 신성한 사물들, 즉 구분되고 금지된 사물들과 관련된 신앙이 의례와 결합된 체계로 정의한다. 뒤르켐은 무엇보다도 '토템 숭배'를 종교 생활의 가장 원초적인 형태로 규정하는데, 토템이 원시공동체에서 중요시되는 것은 그것이 공동체를 표지하는 '상징적 기호'로서 물질적인 힘을 가지면서 공동체를 통합하는 도덕적 권위의 역할을 담당하기 때문이다. 즉 씨족공동체의 토템은 '개인'과 '사회'를 접합시키는 매개적 역할을 담당한다.

8 에번스-프리처드는 "신성한 것과 세속적인 것은 동일한 수준의 경험에서 발현되고, 그래서 둘은 명확하게 구분되는 것이 아니라 분리할 수 없게 뒤섞여

에드먼드 리치[9]는 신성한 것과 세속적인 것이 서로 뒤섞여 있고, 한 극단에서 다른 극단으로(성에서 속으로 또는 속에서 성으로) 계속 이어지는 하나의 단계를 만들기 때문에 사회적 사고(思考)에서는 신성한 것과 세속적인 것 사이가 엄밀하게 구분되지 않는다는 사실을 지적하며 뒤르켐을 비판한다.

이런 견해들이 메소아메리카의 문화적 맥락에서 신성한 것이라고 평가될 수 있는 것을 명확하게 규정하는 데 공헌하려면 메소아메리카 사상이 지닌 일부 변별적인 특징과 충돌할 수 있다.

본론으로 들어가기 전에, 이 주제를 다룰 때 아주 많이 사용되는 '초자연적'[10]이라는 단어에 관한 견해를 피력하겠다. 필자는 이 단어가 우주를 지배하는 법칙을 배제하려는 생각을 내포하기 때문에 적절하지 않다고 생각한다. 이는 메소아메리카의 꼬스모비시온에서 타당하지 않은데, 다른 전통들에서도 그러하리라고 생각한다. 신자들의 생각에 따르면, 신들뿐만 아니라 다른 세계에서 비롯되는 힘들은 우주의 질서를 확립하는 법칙에 종속된다. 그래서 필자는 이들 존재를 '지각할 수 없는 존재'라고 명명하고 싶은데,

---

있다"라고 한다.

9   에드먼드 리치에 따르면 "신성한 것과 세속적인 것의 절대적인 양분은 옹호될 수 없다. 행위들은 어떤 연속적인 단계 안에 있는 한 지점을 점유한다. 한 극단에는 완전히 세속적이고 기능적이고 기술적인 행위들이 있고, 다른 극단에는 성스럽고 미학적이고, 엄밀히 따지면 기능적이지 않는 행위들이 있다. 이 양극단 사이에 사회적인 행위 대부분이 들어 있다"라고 한다.

10   허버트 스펜서와 막스 뮐러는 "초자연적인 것은 신비로운 것, 상상할 수 없는 것, 표현할 수 없는 것 그리고 무한한 것을 의미한다"라고 주장한다.

그 성질에 관해서는 곧이어 언급할 것이다.

5. 지각할 수 없는 존재

지각할 수 없는 존재에 관해 언급할 때 인간의 무능함이 드러난다는 사실을 명확히 할 필요가 있다. 분명, 신들은 자신들끼리만 서로 인지할 수 있다. 게다가 인간이 인지할 수 없는 존재를 어떤 동물은 인지하는 능력이 현재 자주 언급된다. 예를 들어 개는 죽음이 가까이 있다는 사실을 알기 때문에 개와 동등해지려면 눈에 개의 눈곱을 발라야 한다는 말이 있다.

인간이 이처럼 무능한 이유는 무엇일까? 그 이유는, 신은 인간이 자신과 동등해지는 것을 원하지 않았기 때문이다. 『뽀뿔 부』[11]에서는 신들이 물, 하얀 옥수수 살, 노란 옥수수 살로 인간을 만들어 놓자 막 창조된 인간의 시선이 아무런 걸림돌 없이 하늘의 뿌리까지 도달하고, 나무와 돌을 뚫고 바다와 산과 계곡을 건넜기 때문에 모든 것을 보고, 모든 것을 알았다고 이야기한다. 그러자 신들은 숙고한 뒤 그것은 좋은 일이 아니라고 결론을 내렸다. 신들이 말했다. "인간이 정말 우리하고 동등해지겠어." 그리고서 인간의 시력

---

11   『뽀뿔 부(Popl Vuh)』는 마야 끼체(Quiche)족에게 구전된 신의 행위와 신화, 제의, 끼체족의 기원과 고대 역사에 관한 문헌이다. 1, 2, 3부에서는 마야인의 신화와 우주관 및 세계관을 소개하고, 4부에서는 끼체족의 역사를 기술한다.

을 조금 떨어뜨리기로 합의했다. 이런 이유로 그들은 자신의 피조물의 본질을 다시 만들었고, 피조물의 눈은 유리에 입김을 분 것처럼 흐려졌다. 인간은 가까운 것만 보았고, 인간에게는 가까운 것만 선명했다. 첫 번째 인간은 그런 식으로 지혜와 지식을 잃었다.[12]

오늘날에도 신들의 결정에 관해 계속 언급된다. 신화들이 계속해서 다른 사건을 만들어내기 때문에 신화적인 이야기들은 서로 다르다. 하지만 사실, 인간은 한때 자신들이 대단한 시력과 엄청난 지혜가 있으며, 그래서 자신들의 그런 능력이 신들의 능력과 동등해지는 것을 신들이 두려워했다는 사실을 알고 있다.

---

12 인간의 시력 감퇴에 관해 현존하는 라깐돈(Lacandón)족의 신화에 따르면 인간과 별을 창조한 신 하채끼움(Hachäkyum)은 자신이 아내인 '우리의 여주인(Nuestra Señor)'과 성관계를 맺는 모습을 인간이 보지 않기를 바랐다. 그는 인간의 눈을 뽑아 꼬말(comal: 도기 프라이팬)에 구운 뒤에 인간의 눈구멍에 다시 넣었다. 이렇게 해서 인간의 시력이 약화되었다. 마야 초칠족의 신화에 따르면 '하늘에 계신 우리의 아버지 태양(Nuestro Padre Sol del Cielo)'은 자기 자식들이 개처럼 눈이 좋다는 사실을 알고는, 자식들이 산에서 '땅의 주인(Dueño de la Tierra)'의 돈을 찾아낼 수 있다고 생각해 탐탁지 않게 여겼다. "자식들의 눈을 덮는 게 낫겠어. 그렇지 않으면 좋지 않겠어"라고 '하늘에 계신 우리의 아버지 태양'이 말했다. 오늘날 사람들은 눈이 얇은 천으로 덮여 있어서 이제 밤에는 길을 볼 수 없다. 마야의 떼넥(Tének)족이 전하는 바에 따르면 비의 신 맘라브(Mamlab)가 하얀 도포를 입고 나와 마체떼(machete: 낫칼), 지팡이, 도끼를 들고서 구름 위를 걸었다. 땅에는 행실이 나쁜 남자가 있었다. 그때 거대한 폭풍우가 밀려왔고, 남자는 맘라브가 나와 구름 사이로 다니는 것을 보았다. 그러자 그가 웃으며 말했다. "봐요, 보라고요. 맘라브가 도포 안에 아무것도 입지 않았어요. 불알이 매달려 있잖아요. 아마도 기분이 좋아서 불알을 보여주고 있는 거예요." 맘라브는 분노하며 뜨거운 비를 동반한 무시무시한 폭풍을 일으켰다. 사람들은 눈에 엄청난 고통을 느꼈다. 그때부터 인간의 눈이 익어버렸기 때문에 구름 속에서 무슨 일이 일어나는지 더는 볼 수 없다.

6. 사나움

우리는 나우아족의 언어 나우아뜰에 대한 분석의 도움을 받아 옛 나우아족이 지닌 신성한 것에 대한 관념에 접근할 수 있다. 역사가 도밍고 데 산 안똔 무뇬 치말빠인 꾸아우뜰레우아니친(Domingo de San Antón Muñón Chimalpahin Quauhtlehuanitzin)은 저서 『꿀우아깐시(市) 창건에 관한 짧은 비망록(Memorial breve acerca de la fundación de la ciudad de Culhuacan)』에서 아마께메깐 찰꼬(Amaquemecan Chalco) 시의 성스러운 유물에 관해 말하고, 그곳의 놀랄 만한 존재(ser portentoso)를 "cuenca huey yn itenyo yn **ihuitzyo** yn iyahuayo yn **itecuanyo** omochiuh"라고 언급한다. 이 문장에는 디프라시스모[13] 하나가 들어 있다. 디프라시스모를 구성하는 한 쌍의 요소는 'ihuitzyo'와 'iyahuayo'인데, 각각 '큰 가시로 가득 찬 성질', '잔가시로 가득 찬 성질'을 의미한다.

빅또르 M. 까스띠요 파레라스(Víctor M. Castillo Farreras)는 치말빠인의 텍스트를 "텍스트의 명성, 범접하기 어려움, 사나움을 아주 대단하게 만들었다"라고 아주 정확하게 해석함으로써 텍스트에 실린 디프라시스모에 범접하기 어려운 의미를 부여했다. 이 글은

---

13 디프라시스모(Difrasismo)는 두 개의 개별 단어가 쌍을 이루어 하나의 은유적 단위를 구성하는 현상이다. 메소아메리카의 다양한 언어에서 아주 빈번하게 사용되었다. 예를 들어 나우아뜰의 'in atl in tepetl'을 직역하면 '물, 구릉'인데, 실제 의미는 '도시'고, 'in petlatl in icpalli'를 직역하면 '돗자리, 의자'인데, 실제 의미는 '권위'다.

베르나르디노 데 사아군[14]의 말에 근거하는데, 사아군은 피렌체 고문서(Códice Florentino)에서 그 은유적인 표현인 디프라시스모에 "존경받을 만하고, 고귀하고 …… 그리고 사납다. 고관대작들처럼 사납다"라는 의미를 부여한다. 치말빠인 꾸아우뜰레우아니친의 텍스트에서 디프라시스모는 확실히 '사나운 동물의 성질'을 의미 하는 단어 'itecuanyo'와 더불어 보완된다.[15]

치말빠인의 텍스트에 의거해 보면, 신성한 것은 신성한 것의 본 성에서 비롯되는 하나의 거대한 위험성을 가지고 있다(이런 면에서 는 뒤르켐의 견해와 일치한다)고 추정된다. 나우아족의 다양한 텍스트 에서 이 같은 관념은 역시 신성한 것에 대해 언급하는 다른 디프라 시스모, 즉 'in tetzáhuic, in mahuíztic'과 더불어 보강된다. 이런 관념에 익숙하지 않은 사람에게는 이 두 어휘가 모순적으로 보일 수 있을 것이다. 하지만 그렇지 않다. 만약 'mahuíztic'이 '경이로

---

14 베르나르디노 데 사아군(Bernardino de Sahagún)은 에스파냐 출신의 프란치 스코 수도회 선교사로, 식민지 누에바 에스파냐(멕시코 지역)에서 포교 활동을 한 선구적인 민족지학자다. 그는 에스파냐인들이 도래하기 전의 멕시코 역사 를 재건하기 위해 나우아뜰과 에스파냐어로 된 아주 값진 책들을 남겼다. 근대 인류학의 개척자로 인정받고 있으며, 저서 『누에바 에스파냐 문물사(Historia general de las cosas de la Nueva España)』(전 12권)는 인류학적 관점에서 수행된 학문 연구의 주된 사례로 간주된다.

15 사아군은 'in ihuitzyo, in ahahuayo'에 관해 다음과 같이 말한다. "가시가 많거 나 까끌까끌한 것으로, 많은 가시 때문에 감히 접근하기가 어렵다. 그리고 은유 적으로는 나라를 다스리는 임금이나 집정관처럼 존경을 받는 사람들, 그리고 주 목을 받아 공격을 당할 만한 사람들'을 의미한다. 사람들은 그들을 'in huitzyo, i[n] ahahuayo'라고 말한다. 그런 사람들을 맹수처럼 두려워했다."

운, 존중할 만한, 권위가 있는, 위엄이 있는, 명예로운, 존경스러운'을 의미하는 형용사라면, 형용사 'tetzáhuic'은 '무시무시한 것, 놀라운 것, 파렴치한 것, 불길한 것'이라는 의미로 'mahuíztic'을 보충한다.

'놀라운 것'과 '무시무시한 것'은 옛 나우아족의 사고에서 신성한 것이 지닌 두 가지 특징이다. 우선 '놀라운 것'에 관해 생각해 보자. 신성한 것이 모든 피조물의 본질을 구성하고, 그럼으로써 모든 인간에게 내부적인 운동력을 배급하는 영적 존재의 형태로 모든 피조물에 스며들어 있다는 사실을 잊지 말아야 한다. 이와 비교해 보고 싶은 생각에, 위대한 시인 마쓰오 바쇼(松尾芭蕉)의 하이쿠 하나를 떠올려 보겠다. "낙엽이 쌓이고/ 신들은 이미 떠났고/ 공(空)이 이긴다."

사나움에 관해 말하자면, 숨겨진 모든 요소 속에 위험이 존재한다는 의미다. 지각할 수 없는 존재는 온전히 자유롭다.

7. 규칙적인 것과 이질적인 것[16]

현실은 규칙적인 것들에 의해 지배되는데, 그렇기 때문에 신체를 통제하고 주위 환경을 변화시키려는 모든 시도는 규칙적인 것

---

16 에스파냐인들의 도래는 세계의 규칙성의 파괴와 더불어 이루어졌다. 이로써 사람들은 자신들이 모르던 죽을병에 걸렸다. 그것은 이질적인 것의 급습이었다.

들에 기반을 둔다. 인간은 행동의 결과가 어떻게 될 것인지 마음 속으로 예상해 보면서 행동하기 전에 계산을 한다. 신중한 시선으로 매일매일 더 많은 법칙을 발견하려 시도하고, 질서는 욕망과 욕망의 충족 사이에서 필수적인 중요 요소가 된다.

질서는 어디에 존재하는가? 매 사물의 규칙성의 기원은 무엇인가? 의심할 바 없이, 질서는 사물의 존재의 일부로서 매 사물 안에, 어느 숨겨진 장소에 감지할 수 없게 내재해 있다. 그 사물의 본질이라고 간주될 수 있는 것 속에 들어 있다. 사물에는 공통적인 본질들이 있는데, 이를 통해 우리는 어떤 세이바 나무가 다른 세이바 나무와 같은 방식으로 잎사귀에 둘러싸일 수 있다는 사실을 알게 되고, 사슴은 번개가 칠 때 다른 모든 사슴처럼 몸을 부르르 떤다는 사실을 알게 된다. 특별하고 공통적인 질서들에 대한 인식 너머에 있는 질서의 기원에 관해 조사할 때, 어느 지배 존재(enterector)에 대한 생각이 떠오를 것이고, 누군가는 그 지배 존재를 세이바 나무의 주인 또는 사슴의 주인으로 상상할 것이다. 모든 것은 지지자(支持者), 원인자(原因者), 조정자(調停者)가 될 것이고, 이들의 관계는 감지할 수 없을 정도로 가깝다.

커다란 문제는 인간의 계산이 틀렸을 때, 그리고 규범이 정해진 대로 지켜지지 않을 때 발생한다. 건강한 날들은 열병에 의해 갑자기 중단된다. 강물은 몇 년 동안 충실하게 유지되던 하상을 비틀어버린다. 생기 왕성한(젊은) 식물들이 노래지고 메말라 버린다. 이런 것이 바로 이질적인 것이다.

질서가 파괴되는 것이 어떻게 가능한가? 본질이 훼손되는 것이,

또는 감지할 수도 없는 주인들이 본질을 훼손하는 것이 어떻게 가능한가? 아마도 주인들이 규범을 위반하거나 어쩌면 다른 주인들, 혹은 주인들의 주인이 규범을 위반하기 때문일 것이다. 하지만 그 주인들이 사물의 질서를 비틀어버리기 위해서는 특별한 능력을 가져야 할 것이다. 질서의 동인은 인간처럼, 심지어는 이성이 없고 성찰이 없고 드러난 이유가 없이 행동하는 인간처럼, 그리고 오직 자신의 의지에 따라 작용할 것이다. 만약 그렇게 된다면, 질서는 타자를 감지할 수 없게 지배하면서도 어느 명령자의 의지에 따라 지배를 받는 누군가로부터 비롯된다고 생각할 수 있다. 하지만 의지가 있는 모든 존재처럼 그 질서는 불안정하고, 변덕스럽게도 자신의 법칙들을 초월해 버릴 수 있다고 생각할 수 있다. 감지할 수 없는 존재들 사이에 의지를 지닌 존재들이 있다.[17]

8. 본질과 꼬에센시아

   젊은 세이바 나무는 가시가 있으나, 개중에는 다른 것보다 가시가 더 많은 것도 있다. 코요테는 흔히 유사한 잔꾀를 부리나, 개중에는 더 간교하게 잔꾀를 부리거나 혹은 맹한 코요테도 있다. 개

---

17 저명한 화학자 일리야 프리고진(Ilya Prigogine)은 자연의 모든 운동은 비평형에 의한 불균형에 기인한다고 기술했다. 비평형은 운동과 발전으로 이어지는 모든 형상에서 선행조건이기 때문에 자연에서 평형 상태를 유지하는 것은 원칙적으로 불가능하다.

는 모두 개이지만 색깔, 크기, 몸통이 서로 다르다. 존재의 공통적인 본성, 즉 종의 본성은 그 종에 속해 있는 개체 각각의 어느 깊은 구석에 숨어 있다. 그럼에도 그 개체들을 동일하게 만들어주고 본질적인 성질을 정해주는, 숨겨져 있거나 감지할 수 없는 저장창고들이 있고, 각 개별성에 고유의 특성을 부여하는 것에도 숨겨져 있는 다른 저장창고들이 있을 것이다.

이제 복습을 해보자. 피조물은 조밀하고 지각할 수 있는 물질과 연하고 지각할 수 없는 물질로 이루어진다. 첫 번째 물질은 두 번째 물질을 담는 용기다. 연한 물질은 조밀한 물질의 형태와 속성을 결정하고, 하나의 종을 이루는 모든 개별자는 자신들을 동등하게 만들어주는 연한 물질 하나를 공통으로 가진다. 하지만 개별자 각자가 자신만의 특성을 소유한다는 사실은, 그 개별자의 핵심 영혼(그 종의 핵심 영혼)과 더불어 제2의, 이질적인 다른 영혼들이 둥지를 튼 결과다. 각 개별자를 자신이 속한 종의 다른 모든 개별자와 다르게 해주는 것은 바로 이 영혼들이다. 제2의 영혼들은 그 영혼들이 부여하는 특수성처럼, 필연적이거나 우연적이고, 영속적이거나 일시적이고, 이롭거나 해로울 것이다.

만약 모든 피조물에게 영혼을 부여하는 것이 메소아메리카 사상의 근본적인 개념이라면, 다른 믿음 또한 두드러진다. 메소아메리카 사상의 근본적인 개념과 달리 그 믿음의 형식은 아주 다양하게 드러나서 정확하게 이해하기 어렵다. 이는 아주 일반화된 용어로 '나우알리스모(nahualismo)'라고 불리는 것인데, 이 말은 나우아뜰의 '나우알리'[18]에서 비롯된 것이다. 여기서 '나우알리스모'를 언급하는 이

유가 무엇인가? 왜냐하면 어찌 되었든 나우알리스모는 피조물이 타자를 담는 용기이면서 자신 또한 담기는 것이라는 그 특이성을 기본으로 갖고 있기 때문이다. 피조물의 조밀한 물질, 즉 용기는 핵심 영혼 이외에도 역시 담기는 물질이 되는 다양한 다른 실체를 받아들인다. 잠정적으로 '나우알'은 어떤 타자의 특성인 하나의 감지할 수 없는 실체(담기는 물질)로 규정될 수 있는데, 그 실체가 스스로 연장되어 다른 타자에게 들어감으로써 수신자와 발신자를 결합시키는 동맹 하나를 만들어 발신자가 수신자에게 변별적인 특징을 부여하고, 종종 발신자의 의지를 통해 수신자에게 영향을 미친다.

에스떼르 에르미떼[19]가 초칠족과 함께 '나우알'을 연구했을 때 '나우알'에 '꼬에셴시아'[20]라는 수식어를 부가했다. 이 신조어는 '공유한다'는 의미와 '함께하다'라는 이중적 관념을 포함하기 때문에 적확한 것이었다. 게다가 이 용어는 피조물의 정수에 달라붙는 모든 영혼과 어울리는 것처럼 보인다.

이 수식어를 피조물의 제2의 영혼들의 핵심 영혼에 적용하는 것

---

18 나우알리(nahualli)는 '나우알(nahual: 인간이 변신할 수 있는 동물)', '덮개', '변장'과 유사한 의미다. 달리 말하면 "동물 형태로 변신할 수 있는 힘을 가진 인간(hombre-nahual)" 또는 "인간이 태어날 때부터 인간을 보호해 주고 인도해 주는 동물의 영혼 또는 변화의 힘"이다.

19 에스떼르 에르미떼(María Esther Álvarez de Hermitte)는 아르헨티나의 저명한 사회인류학자로 마야 문명을 연구했다.

20 꼬에셴시아(coesencia)는 '다른 자아', '다른 본질', '분신'을 의미하는 'alter ego'와 같은 개념이다. 꼬에셴시아가 "자연의 모든 것과 인간을 연결하는 삶의 본질"이라는 해석도 있다.

은 흥미로운데, 그 핵심 영혼은 막 태어난 아기에게 의례를 통해 지배적인 신성을 '영혼-운명'처럼 부여하는 날에, 그 지배적인 신성에서 비롯된 것이다. 그 '신(神)-날(日)'은 이 중요한 의식에서 그 아기 안으로 들어가고, 그 개인이 평생 존중하고 보호해야 할 하나의 실체로서 평생 그 개인과 함께한다. 바버라 테들락[21]은 현존하는 마야 끼체족과 함께 이 영혼에 관해 연구하면서 끼체족이 '신-시간'을 하나의 '나우알'처럼 간주한다는 사실을 발견했다. 그것이 바로 '꼬에센시아'일 것이다.

9. 다양한 투사

신성한 것은 복제할 수 있다. 신성한 존재들이 지닌 본질의 한 부분은 세상에 던져질 수 있는데, 그렇게 함으로써 자신과 유사한 다른 존재를 만들기 위해 스스로를 투사(透射)하거나 바로 그 존재를 자신의 분신으로 만들기 위한 용기 속으로 들어간다. 그것이 바로 '대(大)꼬에센시아'다. 권력의 이동, 의지의 이동, 투사의 원천을 지배하는 법칙의 이동이 있다. 그렇게 해서 2중 복제, 3중 복제, 다중 복제가 이루어진다.

하늘과 지하 세계를 소통시키는 통로로서 세계의 중심에 위치한 신성한 산('우주산')은 그 중심축의 복제품들을 만들기 위해 네 방향

---

21   바버라 테들락(Barbara Tedlock)은 미국의 문화인류학자다.

을 향해 투사된다. 이 복제품들은 안에꾸메노에 속한다. 하지만 이 복제품들은 안에꾸메노에서 에꾸메노로 투사될 수도 있는데, 에꾸메노에서는 중심축의 복제품이건 안에꾸메노적인 복제품이건 간에 각 지역의 거대한 신성한 산들에 복제되어 있을 것이다. 지구의 동서고금을 막론하고 수많은 다른 전통에서도 그렇듯이, 세계의 '중심들'은 신자들이 그것이 필요하다고 생각하는 것만큼 재생산되기에, 설령 그 중심축이 어느 부족의 영토 안에 있다 해도 이웃 부족은 진정한 축이 자신들의 영토 안에 있다고 주장할 것이다.

지상의 신성한 산들이 주변에 다양하게 투사되는 경우도 있다. 거대한 언덕들은 그들보다 작은 산들에 둘러싸여 있는데, 그 산들은 계층적인 단계에 각각 분배되어 배치될 수 있고, 심지어는 비서나 회계 담당자처럼 특화된 기능 또는 임무를 부여받을 수도 있다. 신성한 산들의 또 다른 투사는 그 지역의 각 부족에게 자신의 신성한 산을 선사하고, 그러면 그 부족원들로부터 인간의 건축물 복제품(피라미드 또는 성당)이 나올 것인데, 이런 것은 부족을 수호해 주는 성인의 집이다. 마지막으로 가정에 있는 제단 역시 우주적인 중심축의 복제품인데, 그들 복제품은 가정의 일상에 아주 가까이 있다.

_ 조구호 옮김

제6장
신

1. 지각할 수 없는 존재에 대한 외부 세계의 초기 판단

　로마가 복합적인 문화를 지닌 세계로 지배를 확장해 가던 시기에, 기독교는 지중해 지역의 문화적 다양성을 요람으로 삼았다. 그로써 유대교와 기독교의 일신론적 기초 위에 그리스의 헬레니즘 전통이 더해졌다. 이 헬레니즘은 일찍이 수많은 신을 모신 고대 그리스의 판테온, 그리고 오리엔트와 이집트 신앙으로부터 문화적 자양분을 받아온 것이었다. 이러한 다신교적 흐름의 영향 속에서도 기독교의 일신교적 토대는 신플라톤주의적 철학과 그노시즘[1]을 통해 더욱 강화되었다. 위대한 기독교 신학자 히포의 성 아

1　그노시스주의(gnosticism) 또는 영지주의(靈智主義)라고 불리기도 한다. 유대교, 동방의 종교, 기독교, 점성학 등과 그리스·이집트의 다양한 철학과 사상이 혼합되어 만들어졌으며, 대체로 선과 악의 이원론적 관점에서 세상을 본다.

가장 오래된 늙은 불의 신 이미지 중 하나로, 꾸이꾸일꼬(Cuicuilco)에서 발굴되었다. 전고전기 초기에 해당하며, 현재 멕시코 시티의 국립인류학박물관에 소장되어 있다.

자료: Marco Antonio Pacheco.

우구스티누스는 이러한 개념들을 자신의 독자적인 마니교 철학과 연계했고,[2] 그것을 자기 사상의 근본으로 삼았다. 성 아우구스티누스는 일신론적 개념을 확립하기 위해 '최고선(最高善)'으로서의 신과 선을 상실한 악이라는 신플라톤주의 사상을 기독교에 이식했다.

이러한 일신론적인 토대가 마련되었어도 기독교는 중세 시기 내내 다신교와 지속적으로 접촉했다. 기독교가 처음으로 유럽 북부

---

2 성 아우구스티누스(Augustinus Hipponensis, 에스파냐어로는 Agustín de Hipona)는 마니교에서 기독교로 개종했다. 마니교의 기본 사상에는 선하고 영적인 빛의 세계와 악하고 물질적인 어둠의 세계 간 투쟁에 관해 설명하는 우주론이 포함되어 있다.

와 서부로 전파되었을 때 켈트, 게르만, 슬라브 신앙에서도 영향을 받았다. 그로 인해 교회 제도에서 비롯된 규범들, 오래된 믿음과 관례를 지키려는 대중적 경향성 사이에는 끊임없이 긴장감이 감돌았다. 원리로서는 삼위일체 교의 등 신학적 체계를 갖춘 기독교적 일신주의가 승리해 이교도 신앙은 공식적으로 폐지되었다. 이 같은 시각에서 고대의 문화적 전통은 다신교라는 낙인과 함께 몇 세기 동안 부정되었고, 그 전통 교리의 실천자들도 영원한 비난의 대상이 되었다.

에스파냐인들이 아메리카 대륙에 들여온 기독교는 정복을 정당화하기 위해 다신교를 이단으로 몰아 싸움을 선언했다. 그들이 내세운 가장 확실한 논거는, 이 지역이 신의 가르침으로부터 멀리 떨어져 있다는 점을 노려 악마가 아주 오랜 옛날부터 원주민의 사상을 이끌면서 원주민을 자신의 지배하에 두려 했다는 것이다. 기독교의 일부 수행 방식과 원주민의 전통 방식 사이에 유사성이 보이는 것을 매우 수치스럽게 여긴 복음 전도자들은 이 유사성이야말로 악마의 의도를 입증할 수 있는 근거라고 주장했다. 즉, 세례나 고해성사, 성찬식 등 기독교 의식과 유사한 의례들이 정복된 땅에서 행해져 온 것은, 영원한 적인 악마가 자신의 영광을 위해 본래 기독교 신의 소유인 의식들을 모방하려 했기 때문이라는 것이다. 결국 원주민의 신들은 악마라는 사고방식이 널리 퍼졌고, 그러한 '발견'은 복음 전도자들을 경계시키기에 충분했다. 그뿐 아니라 그 발견은 새로운 원주민 개종자들이 과거의 기적 체험을 말할 때, 그러한 경이로운 일이 어떻게 일어날 수 있었는지 설명하는 근거가

박스 6-2 아이에게 영혼-운명을 부여하는 의례

아이에게 영혼-운명(alma-destino)을 부여하는 메소아메리카의 의례에서는, 용기의 물에 태양 광선을 담은 후 아이의 머리에 부었다. 복음 전도자들이 이러한 의식을 알았을 때, 그리고 이러한 의식을 통해 아이에게 이름을 정해준다는 사실까지 파악했을 때, 기독교 의식과의 유사성에 소름 끼치도록 놀라워했다. 결국, 이들은 자신들의 신에게만 따르는 영광을 악마가 시샘해 가로채기 위해 이 땅에서 벌인 일이라 생각하게 되었다.

자료: 베르나르디노 데 사아군, 피렌체 고문서, 제4권, 폴리오 29쪽 뒷면.

되었다.

그러나 이것이 원주민 신들의 본질을 설명하는 유일한 방식은 아니었다. 신플라톤주의적 일신 사상에서 유래된 고전적인 해석도 있는데, 후에 유대인들과 기독교인들도 활용한 방식이었다. 신들은 본래 권위를 지닌 뛰어난 인간이었으나, 그들의 훌륭함에 대한 기억은 여러 세대를 거치면서 점점 더 과장되어 마침내 유한한 인간들이 판테온을 가득 메운 신으로 변모했다는 설명이다. 이는 원주민의 신들을 악마화하는 것과 더불어 또 다른 좋은 설명의 논거가 되었다. 이로써 께찰꼬아뜰(Quetzalcóatl)과 우이칠로뽀츠뜰리

박스 6-3 신의 영웅적 기원

신을 영웅적 기원으로 보는 방식은 이미 기원전 5~4세기 소피스트 철학자 프로디쿠스(Pródico de Ceos)에 의해 나타났다. 그러나 그러한 견해로 명성을 얻은 사람은 1세기 뒤의 에우헤메루스(Euhemerus, 에스파냐어로는 Evémero)*였다. 그리스 작가 에우헤메루스는 알렉산더 대왕을 숭배했다. 뛰어난 여행가이기도 한 그는 자신이 추앙한 대정복자의 길을 따라 세계를 돌아다니며 대왕의 루트들을 자신의 작품에 그려 넣었다. 그러나 그의 이야기에는 환상이 섞여 있다. 예를 들면 상상의 섬 판카야(Pancaya)를 묘사할 때는 그곳의 한 사원에서 석비를 보았는데 거기에는 우라노스, 크로노스, 제우스 등 초기 왕들의 이름이 쓰여 있었다는 식이다. 그러한 역사는 신화 속 신들의 기원을 설명하는 하나의 방식이 되었다. 즉 그들은 본디 매우 뛰어난 인간이었는데 시간과 함께 그들의 공훈이 점차 과장되다가 마침내 신성한 존재가 되었다. 에우헤메루스의 인식은 수 세기 뒤 유대교, 기독교 철학자들이 다신교를 비판할 때에 사용되었다. 에우헤메루스의 해석은 18, 19세기 유럽에서 되살아난 바 있으며, 일부 사상가들에 의해 오늘날까지 유지되고 있다.

• 　에스파냐어로 에베메로(evémero)라고 표기되는 에우헤메루스(euhemerus)는 '에우에메로스(euemeros)' 또는 '에베메루스(evemerus)' 등 다양한 이름으로 불린다.

(Huitzilopochtli) 같은 고대 까우디요(caudillo: 지도자)들의 역사가 어떻게 인간을 신적인 존재로 변모시켰는지 설명이 가능해졌다.

　기독교적인 신념에 따르면 악마 또는 나쁜 기억은 이교의 신들을 믿는 원인이 된다. 이러한 설명 모델은 유사한 기원을 지닌 다른 종교에도 적용할 수 있다. 원주민 신들은 서양 고전의 신들에 해당하며, 그 모든 신 그리고 그들에게 속은 신도들은 영원히 단죄되어야 할 수많은 인간 군상에 포함된다.

박스 6-4 악마주의와 에우헤메루스주의

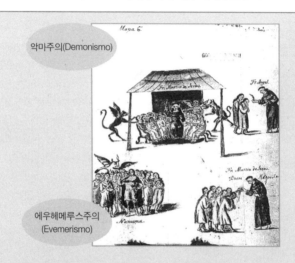

16세기 복음 전도자들 사이에는 신들의 존재를 믿는 원주민 신앙의 기원에 대해 서로 다른 두 견해가 존재했다. 이 두 흐름의 사고는 수세기 동안 지속되었다. 여기 빠블로 데 베아몬(Pablo de Beaumont) 수사의 작품 속 그림에는 악마주의가 보인다.

복음주의자들은 원주민 신들을 악마로 보거나, 에우헤메루스적인 방식을 좇아 뛰어난 인간이 시간이 지나면서 신격화되었다고 보았다. 원주민 신앙의 악마적 기원은 수세기 동안 지속해 빠블로 데 베아몬 수사의 작품 『사도 산 뻬드로와 산 빠블로 데 미초아깐 지방의 연대기(Crónica de la Provincia de los santos apóstoles San Pedro y San Pablo de Michoacán)』(약 1778년) 속 삽화에도 나타난다. 그러나 에우헤메루스적 해석에 따라 메소아메리카 신들이 고대 그리스와 로마 신들에 비교되기도 했다. 그에 따라 베르나르디노 데 사아군 수사는 메시까 신들을 다음과 같이 언급했다. "우이칠로뽀츠뜰리는 또 다른 헤라클레스이고, 떼스까뜰리뽀까(Tezcatlipoca)는 또 다른 주피터이며, 치꼬메꼬아뜰(Chicomecóatl)은 또 다른 께레스(Ceres: 오곡의 여신), 찰치우뜰리꾸에(Chalchiuhtlicue)는 또 다른 유노(Juno), 뜰라솔떼오뜰(Tlazoltéotl)은 또 다른 비너스, 시우떼꾸뜰리(Xiuhtecuhtli)는 또 다른 불카누스(Volcán) ……."

2. 의미론적 문제

수백 년의 시간이 지났지만, 메소아메리카의 지각할 수 없는 존재들을 특징지어 묘사하는 것은 여전히 어려운 문제로 남았다. 오늘날 이 문제는 새로운 양상을 띠면서 여러 논쟁을 유발한다. 또한 이 문제에서 고대 신들의 성격, 특성, 표상, 명명 등에 대해 새로운 제안들이 등장한다. 당연하지만 기본적인 논쟁 중에는 전문 용어 사용, 그리고 다른 전통에서 유래된 개념의 적용 문제도 들어있다.

두 명의 탁월한 사뽀떼까 문명 연구자 조이스 마커스(Joyce Marcus)와 켄트 플래너리(Kent Flannery)는 조상이나 생명력으로 가득한 존재들(예를 들면, 땅이나 햇빛 등)을 '신(diós)'이라고 부르는 데 동의하지 않는다. 이러한 존재들은 원주민의 일상에 이롭게 작용하지만, 마땅한 대접을 받지 못하면 분노를 표하기도 한다. 두 학자는 이들을 지칭하기 위해 '정신(espíritu)'이나 '초자연적 존재' 같은 용어를 선호했다. 이러한 이론(異論)은 타당한 것인가? 이것을 평가하려면 문제를 두 가지 측면으로 분리해서 판단해야 한다. 첫 번째는 개념, 그리고 두 번째는 용어에 관한 것이다.

개념의 경우, 어떤 존재의 본질을 이해하고자 할 때는 개개의 문화적 전통 내에서 그 존재에게 부여한 속성들의 총체를 파악해야한다. 그 특성들을 정확하게 파악한 후에, 이를 토대로 하나의 개념을 세울 수 있다. 그리고 그 개념으로부터 논리적인 함축을 통해 그것을 서술할 수 있는 하나 또는 여러 개의 정의를 만들어낼

표 6-1 개념 문제와 용어 문제

개념 문제	① 연구하는 문화적 전통에 적합한 개념들을 사용해야 한다. ② 때때로 상대적인 유사성으로 인해 관련이 먼 어느 전통의 개념이 현재 연구되는 전통에 들어맞는 일도 있다. ③ 또 다른 경우 연구되는 문화의 특수성으로 인해 큰 차원에서 개념을 창안해야 할 수도 있다. ④ 어떠한 경우이건 간에 사용되는 개념을 설명할 수 있어야 한다.
용어 문제	① 가능한 한 잘 알려진 용어를 사용하는 것이 좋다. 때로는 신조어를 만들어야 할 경우도 있다. 그러다 보면 점차 전문가만 이해할 수 있는 은어(jerga)를 만들게 된다. ② 신조어가 불가피할 때에는 구(句)가 아니라 한 단어로 만드는 것이 적절하다. 그 단어는 분명하고 단순하며 문법적으로 다루기 쉬워야 하고, 충분히 넓은 범위에 적용할 수 있어야 한다. ③ 어떤 경우이건 간에 어느 용어를 특정한 문화적 전통에서 사용할 때에는 그 용어가 어떤 개념에 상응하는지를 설명할 수 있어야 한다.

필요가 있다. 서술 같은 과정들은 문화비교를 다루는 인류학자나 역사학자들의 작업에서는 항상 따라다니는 활동이다. 외견상 둘 또는 그 이상의 문화를 공유하는 것처럼 보이는 많은 개념도, 각 문화의 역사적 맥락에서 보면 상당한 차이점이 있을 수 있다. 권리, 종교, 죄, 관습, 양식(糧食), 영토, 인간, 주술, 신화, 왕, 도덕 등을 비롯해 수많은 예를 들 수 있다. 따라서 설명을 듣는 사람이 자기 문화권의 개념과 자동적으로 동일시하는 일이 없도록 그것을 식별하고, 명확히 하고, 또 당연하지만 그것을 설명하는 작업이 필요하다.

용어는 개념과는 다른 문제다. 무엇보다도, 신조어들은 가능한 한 제외하는 것이 바람직하다. 그렇지 않으면 우리의 논의가 전문가들에게만 허용된 제한구역이 될 수 있다. 특히 메소아메리카의 경우에는, 원주민 용어를 포함할 것인지의 문제에도 이러한 신중함이 적용되어야 한다. 예를 들면 미스떼까, 사뽀떼까, 우와스떼까 또는 마야의 개념을 다루면서 나우아뜰 용어를 사용하는 것은 적절치 않다. 이런 문제점과 더불어 정확한 발음, 올바른 동사 변화나 복수형 등 원주민 언어가 본래부터 간직하고 있는 어려움이 더해진다. 따라서 항상 강조되는 기본 원칙은 가장 일반적이고, 단순하고, 적합한 용어의 사용이다. 그뿐 아니라 선택된 용어가 주어진 맥락에서 어떤 개념을 지칭하는지 살피는 주의력, 그리고 사용되는 용어와는 독립적으로 항상 요구되는 명료성 등도 갖춰야 한다.

용어의 적합성이라는 측면에서 우리가 인식해야 할 점은, 용어 사용의 이견(異見)들은 대부분 그 용어가 발생한 문화적 전통에서 개념에 담긴 엄밀함 때문에 나타난다는 사실이다. 때때로 이러한 이견들은 근거가 매우 불충분하다. 일례로 언젠가 필자가 '죄(pecado)'라는 용어를 사용한 적이 있는데, 그것이 엄격한 기독교적 용어라며 비난받은 일이 있었다. 만약 죄를 어떤 신성함을 모독한 위반이라고 정의한다면, 죄인이 된다는 것이 오로지 기독교인들에게만 해당한다고 단언할 수 있을까? 한편, 어떤 용어는 본래의 전통에서 지나치게 불명확해서 그 용어를 더 폭넓게 사용해도(그에 상응하는 설명을 곁들이면) 문제가 되지 않는다.

3. 지각할 수 없는 존재에 대한 개념, 정의, 용어

5장에서 살펴본 바와 같이 메소아메리카 전통에서 지각할 수 없는 존재는 인간이 정상적으로 깨어 있는 상황에서는 감지할 수 없는, 가벼운 물질로 이루어져 있다. 여기서 분명히 해야 할 점은, 감지가 불가능하다는 것이 정상적 상황이라는 것인데, 그 이유는 만약 환각 상태이거나 향정신성 물질로 인해 정신 상태에 변화가 일어난다면 독실한 신자는 그 존재들을 지각할 수 있다고 여기기 때문이다. 또한, 그에게 꿈은 단순한 수면의 환상이 아니라 실제 경험이기 때문에, 꿈속에서 그 존재들과 만나고 소통할 수 있다고 믿는다.

이 존재들의 또 다른 특징은 안에꾸메노에 기원을 두지만, 눈에 보이는 세상에서 여러 현상을 일으키는 능력을 지니며, 그 작용에 따른 결과를 인간이 감지할 수 있다는 점이다.

그러나 이 존재들 간에는 커다란 차이가 있어 적어도 두 개의 큰 집단으로 나눌 필요가 있다. 첫 번째 집단은 힘 같은 것으로 인식할 수 있다. 힘은 행동과 성장을 가능케 하는 존재이며, 피조물들 내에만 들어 있는 것이 아니라 신과 같은 지각할 수 없는 존재들 안에도 들어 있다. 즉, 안에꾸메노에 기원을 두고 있지만 에꾸메노를 침범해 피조물들 안에 자리 잡는다. 그 안에서 크기가 커지거나 작아지기도 하고, 강도가 증가하거나 줄어들기도 한다. 심지어 인공적인 존재들 내에서도 나타날 수 있다. 초콜릿처럼 거품이 매우 활성화되는 음료에서 특히 확연히 드러난다. 이 힘들은 개별

박스 6-5 말이란?

뻬를라 뻬뜨리치(Perla Petrich)는 저서 『모초(Mochó)족의 음식(La alimentación mochó)』에서, 모초 사람들 또는 모또친뜰레꼬인* 들에게 말(palabras)은 일단 표현되고 난 뒤에는 힘(fuerza)으로서 자율적으로 존재하는 것이라고 단언한다. 말은 '공중의 화살처럼' 흘러서 받아들이는 사람의 몸에 침투하며, 그것이 이롭고 평화로운 것일 때는 귀를 통해, 해롭고 악감정이 담겨 있을 때는 관절을 통해 스며든다.

뜨거운 말은 저주스러운, 또는 교란하는 열정과 더불어 이동한다. 그런 의미에서 주술사는 '불의 입'을 지녔다. 반면 수호자 까몬(qamón)은 신선한 말을 소리 냈다. 신들이 인간에게 보내는 말도 신선한 말이며, 옛사람들의 역사 또한 신선하다.

알폰소 로하스(Alfonso Villa Rojas)는 저서 『신에게 선택받은 자들(Los elegidos de Dios)』에서 낀따나 로(Quintana Roo) 지방 마야인들의 사제가 하는 말을 기록했다. 그에 따르면 공양을 올리는 기도문의 용어들은 'zuhuy zizolal than', 즉 '순결하고 차가운 말'이다.

• 　모또친뜰레꼬(mototzintleco)인들은 치아빠스 지방에 거주하는 마야족의 일부다.

존재의 자의적 또는 비자의적 행위로 인해 증가할 수 있고, 다른 존재들에게(역시 자의적 또는 비자의적으로) 전이될 수 있다. 그 성질은 발신자나 수신자에게 이로울 수도 해로울 수도 있다. 또한 전이는 직간접적 접촉을 통해 가능해진다. 신체의 일부나 신체에서 나온 것(머리카락이나 침 등)을 통해서, 아니면 제작한 작품 속에 담겨서, 또는 다른 존재로 향하는 시선이나 말을 통해서 전달될 수 있다.

우리는 앞 장에서 지각할 수 없는 존재들은 힘과는 별도로 성격(personalidad)과 자의식을 갖추고 있다고 언급했다. 그런 존재들을 '신(diós)'이라고 부를 수 있을까? 가장 먼저 염두에 두어야 할 것은, 에스파냐어의 신 또는 다른 인도유럽어에서 그에 해당하는 용어는, 단수형이든 복수형이든, 몇 세기에 걸쳐 서로 다른 여러 문화와 환경에 적용되어 왔기 때문에 그 내용이 매우 느슨하다는 점이다. 너무나도 느슨해 그 불명확함이 심각하게 문제를 일으키지 않았으며, 또 다른 문화적 환경에 적용해도 특별한 저항을 일으키지 않는다. 이때 필요한 것은, 앞서 확인한 것처럼 이 용어를 적용하려는 대상의 특유한 개념이 무엇인지 설명하는 일이다. 메소아메리카 전통에서 신이라는 용어의 사용을 반대할 만한 근거는 더 이상 없으며, 오히려 '정신(espíritu)', '정령(genio)', '초자연적인 존재' 등과 같은 용어에 더해질 수 있을 것이다.

비교종교학의 권위자 시어도어 루드빅(Theodore M. Ludwig)은 신을 다음과 같이 정의했다. "인간의 체험은 거의 모두 성스러움이 발현되는 무대라 할 수 있다. 하늘, 땅, 산, 사냥, 파종, 성행위, 출산, 음식, 권력 등등 ……. 인간은 이러한 신성의 발현을 구체적이고 납득 가는 방식으로 경험한다. 이렇게 발현된 신들은 능력, 의지, 성격을 통해 받아들여진다." 비록 그의 정의가 과학적이진 않지만(왜냐하면 계시로 나타난 신성을 받아들인다는 의미이기 때문에) 매우 중요한 세 가지 요소를 포함하고 있다. 즉 신들은 능력, 의지, 성격을 통해 받아들여진다.

메소아메리카의 지각할 수 없는 존재들은 이 세 가지 요소를 온전하게 갖추고 있으며, 이 존재들은 힘(fuerza)에 의해 만들어진 것과도 구별된다. 실제로 그들이 지닌 성격은 인간의 것과 너무나 유사해 인간의 표현을 완벽하게 이해할 수 있다. 지각할 수 있는 세계에 대한 신들의 효과적인 행위는 대부분 자신의 의지에 의한 것이다. 그들의 성격은 선(善), 사랑, 적대감, 거만, 관대함 등과 같

메소아메리카 전통에서 인간과 신의 유사성이 반드시 시각적 모습으로 나타나지는 않는다. 그들의 성격, 의지, 작용에 유사성이 담겨 있지만, 그렇다고 반드시 인간의 형상으로 표현되는 것은 아니다. 보남빡(Bonampak) 유적의 석비 1호에서는 마야의 신 까우악(Cauac)이 큰 가면을 쓴 기형적 존재로 묘사된다.

은 감정을 포함하며, 인간의 사회적 관계에서 생성되는 감정들과 매우 흡사하다. 또한 신들의 의지는 인간의 행동에 따라 바뀔 수 있다. 만약 인간이 신성한 법칙을 위반하면 부정적 방향으로, 인간이 공양물을 바치면서 위로하거나 기원을 통해 신들을 감동시킬 때에는 긍정적 방향으로 변한다. 사회 속 인간의 특성과 닮은 그들의 본성은 대부분 인간의 모습을 띠고 표현된다. 그렇지만 신들이 일시적으로 동물 형상이나 기형적인 형태를 취해도 그들의 성격은 변하지 않는다.

땅에 대한 마커스와 플래너리의 묘사에 따르면 땅은 인간이 집을 짓기 위해 땅에 기둥을 박으면 매우 불쾌해하는 존재다. 화전을 일구기 위한 불에 고통을 느끼고, 인간의 불경함에 분노한다. 또한 인간의 간청에 동정심을 갖거나, 인간의 공양물에서 이득을 취하기도 한다. 그리고 진동을 통해 자신의 감정을 표현한다. 이로움을 주는 힘과 공포를 주는 힘을 함께 지닌 존재이기도 하다. 끝으로, 전고전기에는 땅의 성격이 분명했는데, 고양이의 특성을 지닌 신비로운 존재로 여겨졌다. 땅이 여신(diosa)으로 받아들여지는 데 필요한 모든 속성을 갖추고 있다는 점을 의심할 나위가 없다.

4. 메소아메리카 신의 복수성과 다양성

메소아메리카의 전통적 환경에서 개념과 용어 문제는 정리가 되었지만, 그 결과로서 등장한 정의에는 적어도 또 다른 두 가지 문제점이 수반된다. 신의 수가 지극히 많다는 점과 그들 사이에 커다란 차이가 존재한다는 점이다. 첫 번째 문제와 관련해서는, 영혼의 본성을 떠올리는 것으로 충분하다. 이 대륙의 다른 꼬스모비시온들과 마찬가지로, 메소아메리카의 꼬스모비시온에서도 이 세상의 모든 존재에는 영혼이 깃들어 있다고 여긴다. 영혼은 단순히 역동성의 중심이 아니라 의지를 지닌 존재이기도 해서 어떤 피조물 안에 복수(複數)의 영혼이 깃들어 있으면, 그들 사이에 모순된 특성이 있어 갈등을 빚기도 한다. 이러한 특징 때문에 영혼을 신의 영역에도 포함시킨다. 뒤에서 다시 보겠지만, 영혼을 신의 영역에 포함시키는 것은 영혼의 기원을 통해 완전하게 설명할 수 있다. 여기서는 단지, 영혼과 신이 동일시되며, 오직 에꾸메노에서는 영혼의 숫자가 그곳에 존재하는 피조물의 숫자를 상회한다는 것만 염두에 두도록 하자.

미스떼까(Mixteca)의 신 다사우이(Dazahui, Ñuhu Savi)로, 이 도기는 떼우안떼뻭(Tehuantepec) 지협에서 출토되었다. 현재는 국립인류학박물관에 전시되어 있다.

두 번째 문제인 다양성을 다룰 때는 동일하게 인식되는 존재들로 한정된 집단들을 다루는 것이 아니라, 신성(神性)의 여러 가지 다른 상태나 발현을 다룬다는 점을 분명히 할 필요가 있다. 신성은 하나의 완전한 실체로 인식해야 하며, 처음에는 둘로 복제되어 부신(父神)과 모신(母神)으로 나뉘고, 그 후 그러한 과정이 계속 반복되어 거대한 자녀신의 집합체가 탄생한다. 자녀신들은 서로 간에 차이가 매우 크며, 각각 자신만의 지배 영역과 능력, 한계, 필수품, 욕망 등을 갖는다. 자녀신들도 서로 다른 성격을 지닌 신들로 나뉘거나 이질적인 개체로 분열할 수 있고, 다른 자녀신을 낳을 수도 있다. 그 결과, 판테온은 엄청나게 확대된다.

앞서 보았듯 이렇게 증식되는 속성 때문에 신들은 동시에 여러 상태에 머물 수 있다. 그중 하나로 신화적이라 명명할 수 있는 상태가 있다. 이 상태의 구성 물질은 태양신에 의해 굳어질 때까지 변화를 거듭한다. 또 다른 이름으로는 경계적 상태가 있다. 이 상태에서 신들은 에꾸메노와 안에꾸메노 사이의 경계를 차지한다.

박스 6-8 신성의 다양한 상태

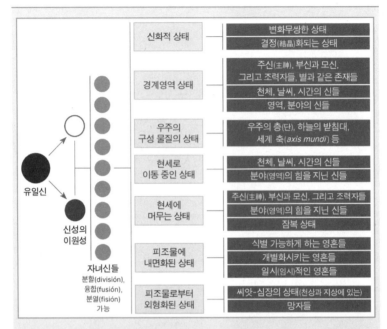

메소아메리카 전통의 꼬스모비시온에서 신성은 서로 다른 상태일 수 있다. 가장 처음은 존재의 근원이 되는 신성의 상태이며, 신의 유일성으로 받아들여진다(제일 왼쪽원). 첫 번째 분열은 이중성에 해당하며, 주로 부신(절대신으로부터 나온 위쪽의 흰색원)과 모신(절대신으로부터 나온 아래쪽의 검은색 원)의 형태로 발현한다. 이 상태 이후부터는 시공간적 개념을 적용할 수 있다. 세 번째 상태는 자녀신들(회색 원)에 해당한다. 이 신들로 인해 우주의 이질성과 여러 과정의 조합이 구체화된다. 각각의 자녀신들은 개별적 능력, 기질, 영역을 갖는다. 자녀신들은 모든 조합의 가능성 속에서 이해된다. 따라서 이 상태에는 그들의 분할, 융합, 분열 등이 포함되어 있다. 자녀신들은 서로 다른 상태에 동시에 존재할 수 있다. 신화적인 상태에서는 두 가지 다른 현상이 가능하다. 그중 하나는 변화 과정에 녹아들어 있는 변화무쌍한 신들의 현상(신들의 모힘)이며, 다른 하나는 변화 과정의 끝에서 태양신의 광선을 받아 변화의 기질을 잃게 되는 존재 현상이다. 시공간적 경계의 상태에서는, 태양신의 광선에 의해 이미 고정된 특성을 안고 에꾸메노로 이동해 준비된 순서대로 구체적인 위치를 차지한다. 그들 중에는 주인신(산, 숲, 샘 등의 수호신), 부모신(천상과 지상의 온갖 종류의 피조물을 각각 낳고 보호하는 신들), 천체, 기후 현상, 시간의 신, 영역의 신, 식물이 때맞춰 태어나고, 자라고, 숙성하게 만드는 신, 병의 신(눈에는 보이지 않지만 성격을 지닌 존재), 인간의 감정을 일으키는 신, 전쟁을 주관하는 신 등 그 수는 헤아릴 수 없다. 어떤 신들은 우주 메커니즘의 서로 다른 부분을 형성한다. 예를 들면 세상을 지탱하는 네 개의 기둥이 있다. 마야인들은 이들을 4명의 바까봅(bacaboob)이라고 부른다. 시공간적 경계의 상태에 있는 신 중에는 자신의 역할을 위해 현세로 이동 중인 신이 있는가 하면 중간의 성스러운 세계에 머물러 있는 신도 있다. 이들은 추후 그곳에서 에꾸메노로 나가 자신의 기능을 수행하게 될 것이다. 후자의 신들 중 일부는 잠복 상태에 머물기도 한다. 이들은 태양이 태초에 떠오르기 전, 자신들에게 속했던 세상을 차지하기 위해 피조물이 완전히 파멸되는 시간을 기다리기도 한다. 끝으로, 신들은 피조물의 영혼을 이루어 지상에서 존재할 수 있도록 한다. 하지만 피조물이 파괴되거나 죽으면 그 몸에서 빠져나온다. 죽은 신들은 죽음의 영역에서 정화된 후 거대한 우주의 저장고나 하늘에서 대기하다가 다른 피조물에게 존재를 주기 위해 다시 이용된다.

또한 한시적인 역할을 수행하기 위해 에꾸메노로 이동하는 존재들의 상태도 있다. 그 밖에도 영혼처럼 피조물에 내면화된 존재들의 상태가 있는가 하면, 물질적인 덮개(육체)에서 자유로운 실체들의 상태도 있다. 후자는 망자(亡者)들이 정화의 길로 여행하는 것과 같은 상태를 말한다. 끝으로 씨앗-심장의 상태를 들 수 있다. 이 세상으로 재진출하기까지 우주의 저장고에 보관되는 씨앗-심장의 상태를 의미한다. 그런데 여기서 특히 염두에 두어야 할 것은, 이러한 상태들은 각각 또다시 단계별로 세분화할 수 있다는 점이다. 예를 들면 망자가 되어 여행할 경우, 신들은 여정을 시작할 때는 단단한 사자(死者)의 상태이지만 정화의 과정을 거치면서 유약한 존재가 되어 여정을 마친다.

박스 6-9 여성 신과 남성 신, 하늘의 신과 땅의 신

이 그림에서는 절대신(Dios Único)의 분화에 대한 두 가지 방식을 볼 수 있다. 너탤 고문서(Códice Nuttall)에 따르면 가장 왼쪽의 이미지는 한 쌍의 부부인 부신(오른쪽)과 모신(왼쪽), 가장 오른쪽의 이미지는 절대신이 아래의 신과 위의 신으로 분화된 모습이다. 빈도보넨시스 고문서(Códice Vindobonensis)에 따르면 각각 땅의 신과 하늘의 신을 의미한다.

이 그림의 가운데에는 앞서 언급한 두 쌍의 신들의 복제된 모습이 나타나 있다. 빈도보넨시스 고문서에 따르면 왼쪽에서 오른쪽으로, 위에서 아래 순서로, 각각 하늘의 여신, 하늘의 남신, 땅의 여신, 땅의 남신이다.

자료: 너탤 고문서, 도판 18번; 빈도보넨시스 고문서, 도판 52번과 48번.

5. 신의 개념에 담긴 의인법

기원전 4세기, 그리스 철학자 크세노파네스(Xenophanes)는 인간

박스 6-10 크세노파네스

호메로스나 헤시오도스는 인간들 사이에 일어나는 도둑, 간음, 상호 간의 속임수 등의 부끄럽고 비판받을 만한 일들이 신들에게도 많이 있다고 단언했다.

"…… 만약 황소나 말, 사자가 손이 있어서 인간처럼 그림을 그릴 수 있다면 말은 자신의 신성을 말의 모습으로 구현했을 것이고, 황소는 황소의 형상으로 나타냈을 것이다."

크세노파네스는 신성에 인간적 속성을 부여하는 사람들을 비판했다. 그렇지만 그의 비판적인 자세나 개념도 신성을 인간에 비유하는 데서 완전히 벗어나지는 못했다. 왜냐하면 신성을 도덕적인(도덕적으로 완벽한) 덕과 인간을 이해할 수 있는 능력을 지닌, 생각하는 존재로 이해했기 때문이다.

이 신을 자신과 닮은 모습으로 그리면서 인간의 특성을 투영한 신의 개념을 비판한 바 있다. 그러나 분명한 점은 그러한 투영이 인간 자신의 내밀한 체험에서 출발한 것이고, 그것을 모델로 삼고자 한다는 것이다. 하지만 이와 반대로 자신들의 열망이 이루어지지 않을 때는 그 투영이 반(反)모델로 변하기도 한다.

메소아메리카 전통에서 신들은 사회적 인간들과 유사한 속성을 지니며, 대부분 인간의 형상을 하고 있다. 그들은 의지와 능력을 갖추고 생각하는 존재이기 때문에 자신의 판단에 따라 행동할 뿐만 아니라, 사랑, 원한, 호혜, 정의, 복수 등 사회적 관계의 가치들도 지닌다. 그러나 인간은 신을 받아들일 때 자신보다 훨씬 큰 능력을 신에게 부여한다. 예를 들면, 언젠가는 소멸하는 인간의 속성과 반대로 신에게는 불멸의 속성을 부여한다. 또한 인간은 감지되는 존재이지만 신은 감지되지 않는 존재이며, 인간은 차지할 수 있는 공간에 한계가 있으나, 신은 여러 곳에 동시에 존재할 수 있다. 그런데 여기서 신의 파괴되지 않는 불멸의 속성에 의문을 제기할 수도 있다. 앞에서 신도 망자의 상태가 된다고 언급했기 때문이다. 명확하게 말하자면, 신은 죽을 수 있지만 파괴되지는 않는다. 추후 다시 보겠지만 신이 죽는다는 것은 상태를 바꾸기 위해 죽음의 영역을 여행해야만 하는 존재라는 뜻이다. 신은 순환하는 존재이기 때문에 여행과 죽음을 반복한다. 하지만 이 죽음이 파괴를 뜻하지 않으며, 끊임없는 주기의 한 과정이라 할 수 있다. 그러한 과정 중에는 어둠 속의 존재나 태양광선 아래에 있는 존재 등도 있다.

6. 신의 단일성과 복수성

신성의 상태를 나열한 목록 때문에, 신의 단일성과 복수성 사이에 모순이 있는 것처럼 보일 수 있다. 그러나 그것은 세계의 종교들을 일신교와 다신교로 나누는 이기적인 분류에서 비롯된 허위적인 문제이다. 영국의 저명한 인류학자 에드워드 에번 에번스-프리처드는 수단과 에티오피아에 거주하는 누에르(Nuer)족의 종교를 연구한 후 다음과 같이 밝혔다. "유신(有神)론적 종교가 일신교나 다신교 중 하나일 필요는 없다. 양쪽 모두에 해당할 수 있다". 사실, 누에르족의 신성에서 유일성과 복수성이 동시에 가능한 것은 메소아메리카를 비롯한 다른 지역의 꼬스모비시온에서도 공통적으로 나타나는 특징이다. 기록된 많은 자료를 보면 근본이 되는 유일신이 언급되어 있고, 이 유일신이 부부 한 쌍으로 나뉜 이후, 다른 모든 신이 나타난다. 마야의 기록에는 '후나브꾸(Hunabkú)'라는 이름의 존재가 등장하는데, 로뻬스 데 꼬고유도[3]는 이를 '유일신'이라 번역했다. 고대 운문집 『깐따르 데 지뜨발체』[4]에서는 신을 이렇게 언급했다.

후나브꾸 신은 선한 사람에게는 선을
악한 사람들에게는 악을 주시는 분이다.
왜냐하면, 땅에 빛을 주시기 때문이고
당신 손 아래 있는 모든 것의 주인이기 때문이다.
태양과 달도 마찬가지이고
하늘에서 빛나는 꽃과 같은 연기 나는 별도 마찬가지이다.
비와 구름도 마찬가지이고,
번개와 가장 작은 모기도 마찬가지이고,
새와 다른 모든 동물도 마찬가지이고,
마찬가지이다.

---

3 로뻬스 데 꼬고유도(López de Cogolludo)는 에스파냐에서 태어나 멕시코 유까딴반도에서 활동한 프란치스코 수도회의 수사이자 작가, 역사가로, 『유까딴의 역사(Historia de Yucatán)』라는 책을 썼다.
4 『깐따르 데 지뜨발체(Cantar de Dzitbalché)』는 '지뜨발체의 노래'라는 뜻의 고대 마야 시집으로, 멕시코 깜뻬체(Campeche)주, 지뜨발체(Dzitblaché)에서 발견되었다.

께찰꼬아뜰 신은 분열되어 서로 성격이 정반대인 두 존재로 나뉠 수 있다. 바람의 신인 에에까뜰(Ehécatl)은 차갑고, 신화에서는 떼스까뜰리뽀까(Tezcatlipoca)의 아들로 나온다. 반면, 뜨겁고 빛이 나는 뜰라우이스깔빤떼꾸뜰리(Tlahuizcalpantecuhtli)는 여명의 신이다.

자료: 마글리아베치 고문서(Códice Magliabecchi), 폴리오 62쪽 뒷면; 부르봉 고문서(Códice Borbónico), 도판, 22번과 9번.

고대 사뽀떼까인들은 그 유일신을 '시작도 끝도 없는 존재'라는 의미의 '꼬끼 세(Coqui Zee)' 또는 '위대한 시간'이라는 의미의 '삐헤 따오(Pixetao)'라고 불렀다. 한편, 나우아족은 많은 명칭 중에서 '이 끄노삘친(Icnopiltzin)'을 선택했다. 이 이름은 '공경해야 할 고아'라는 의미를 담고 있어, 아버지와 어머니가 없는 유일신임을 나타냈다.

7. 신의 융합, 분열, 분할 그리고 재통합

두 개의 실체를 만들기 위한 단일성의 힘(그리고 거기에서 광범위한 판테온이 유래하지만)은 메소아메리카의 모든 신이 지닌 고유한 특성이다. 이들 신은 둘 또는 그 이상의 신성한 존재를 만들어 자신의 고유한 특성을 나눠주기 위해 스스로 분열하는 능력이 있다. 일례로 고대 나우아인들의 불의 신과 비의 신을 들 수 있다. 이 두 신은 각각 4명의 신으로 나뉘어 세상의 네 방향 끝에 자리를 잡는다. 중심의 신에서 탄생한 이 신들은 각자 자신이 차지한 네 모서리에 해당하는 특별한 색을 부여받아, 그 장소와 위치가 지닌 특수성을 상징하게 된다.

이 분열 능력과 반대되는 것이 융합이다. 둘 또는 그 이상의 신들이 서로 합쳐져 하나의 신을 형성할 수 있으며, 앞서 나뉜 특성들도 하나로 결합된다. 예를 들면, 비의 신 넷이 서로 합쳐져 새로운 신이 등장하는데, 신의 이름인 '나빠떼꾸뜰리(Nappatecuhtli: '네 배의 신')'가 신의 기원에 관해 알려준다. 불의 신 넷도 마찬가지로 '네 배의 신'이라는 의미의 '나우요떼꾸뜰리(Nauhyotecuhtli)'라고 불린다. 마야의 판테온에는 13명의 신으로 구성된 오흘라운띠꾸(Oxlahuntikú), 9명이 결합된 볼론띠꾸(Bolontikú) 등 융합을 통해 만들어진 신들이 눈에 띈다.

박스 6-12 분열된 비의 신 형상

 과테말라의 띠끼사떼(Tiquisate) 지역에서 고전기 떼오띠우아깐식의 다리가 셋 달린 원통형 용기가 발견되었는데, 용기 표면에서 비의 신 형상을 볼 수 있다. 네 방향으로 투영된 비의 신의 분신 넷이 지상의 기후를 관장한다.

신들의 능력 중에는 자신의 모든 구성물을 온전히 지닌 채 분할할 수 있는 능력도 있다. 따라서 일단 수가 늘어나면, 동시에 여러 장소를 지배할 수 있다. 이러한 분할은 에꾸메노나 안에꾸메노 모두에서 가능하며, 본래의 신과 여럿으로 복제된 신들 사이에 지속적인 소통이 일어난다. 한편 그와는 반대로 여럿으로 나뉜 각각의 신이 자신의 근원이 되는 신으로 되돌아갈 수도 있다.

8. 신의 활동, 능력, 섭생의 한계

『뽀뿔 부』의 기록에 따르면, 신은 인간을 만든 다음 이렇게 말했다. "여명이 다가왔다. 모든 것이 완성되었다. 따라서 우리에게 음식을 줄 사람, 우리를 봉양할 사람, 빛의(여성의) 자식들, (빛의) 남성의 자식들이 분명해졌다. 인간, 땅 위의 인류가 명확해졌다." 인간은 신에게 음식을 주기 위해 창조된 것이다. 신은 스스로 자신의 음식물을 생산하지 못한다.

신의 활동에는 일반적인 한계와 특수한 제약이 있었다. 신은 우주의 특별한 영역에 대해서만 능력을 펼칠 수 있다. 그리고 에꾸메노에서 활동할 때는 공간, 시간, 활동의 수단 등에 제약이 따른다. 이해력도 개별적인 능력에 따라 범위가 한정된다. 그러므로 또또나꼬(Totonaco)인들은 시니(Siní) 신이 자신의 축일을 잊어버린다는 것을 알고 있다. 이러한 결점은 과테말라 치말떼난고(Chimaltenango)의 신 산띠아고에도 해당된다. 뽀꼬까떼뻬뜰(Pococatépetl)에는 인간과 소통할 능력이 없는 신들도 있다. 그로 인해 이 신들은 특별한 능력을 지닌 매개자를 필요로 한다. 예를 들면, 우박을 통제하기 위해서는 '아르볼(árbol)'이라 불리는 매개자가 필요하다. 이 매개자들은 신의 메시지를 듣는 능력이 있어, 이를 인간 세계에 전달할 수 있다.

일반적으로 피조물의 세계를 방문하는 신들은 태양신이 확립한 법칙에 따라야 한다. 그 법칙에 의하면 이 세상의 모든 존재는 자신이 맡은 일을 수행해야 한다. 그런데 모든 일은 피곤과 과열을 초래하므로, 힘과 차가움을 회복하기 위해 음식을 섭취해야 한다. 피조물 세계의 주인인 태양조차도 자신의 법칙에 따라야 한다. 매일매일 지표면에 떠올라 에너지를 나눠줘야 하며, 그 일로 인해 피곤해지므로 영양도 섭취해야 한다.

식량을 생산하는 데에는 많은 존재의 참여가 필요하다. 태양의 열, 비의 물, 발아시키는 힘, 성장시키는 힘, 숙성시키는 힘은 오로지 신만이 제공할 수 있다. 그러나 신은 땅을 경작하지 못하고, 오직 인간만 경작의 노동을 실현할 수 있다. 하지만 이들은 땅의 생산에 필요한 조건과 힘을 제공하지는 못한다. 게다가 살아 있는 인간이 경작을 완성하려면 죽은 사람의 도움이 있어야 한다. 그렇지 않으면 땅은 열매를 맺지도, 수확을 주지도 못한다. 요약하자면 농경 생산은 많은 존재(신, 살아 있는 인간, 죽은 인간)의 공동 작업이다. 그러므로 수확도 참여자들 간에 분배되어야 한다. 이러한 개념이 메소아메리카 종교의 근본 원리 중 하나로 정립되었다. 바로 호혜의 원리다.

9. 신의 역할

앞에서 다룬 모든 내용을 통해 신들은 에꾸메노와 피조물의 삶과 관련해 다양한 역할을 행하고 있음을 알 수 있다. 그들의 작용은 필요 불가결하지만, 인간이 살아가는 데에는 이로울 수도, 해로울 수도 있다. 그들의 의지는 독립되고, 자유로우며, 결국 그들은 신처럼 행동한다.

지금까지의 내용을 간략히 종합해 보면, 다음과 같은 점들을 확인할 수 있다. 신들은 스스로 우주의 구성원으로 행동하며, 때로는 특별한 방식으로, 에꾸메노의 구성원으로 또는 안에꾸메노와 연결되는 공간의 구성원으로 행동한다. 또한, 그들은 우주를 활성화하는 존재이며, 세상을 창조하고, 구성하고, 영속시키는 명령자다. 그리고 궁극적으로 그들은 인간 존재의 지배자다.

표 6-2 신의 특징

오직 가벼운 물질로 구성	인간은 깨어 있는 보통의 상태에서는 신의 실체를 지각할 수 없다.
인성	이성, 의지, 정열을 지녔고, 자신들끼리 또는 인간과 소통할 수 있는 능력을 지녔다.
불멸성	신의 '죽음'은 소멸이 아니라, 상태의 변화를 의미한다.
서로 간의 다양성	각각의 성격은 세계의 다양성과 상호 연관되어 있다.
작용	신의 활동은 효과적인 행위를 이끈다.
우주의 모든 영역의 점유자	에꾸메노와 안에꾸메노 모두에 거주한다.
한정된 힘	각자 특수한 능력과 행동 방식, 특정한 시간과 공간을 소유한다.
우주의 법칙에 지배	우주의 규칙에 얽매이고 제한된다.
결핍	욕구와 궁핍에 예민하고, 지상의 재물을 탐한다.
시간의 경과에 취약	인간 세계에 거주할 때는 시간의 주기에 얽매인다.
분할 또는 재결합 가능	자신의 실체를 분할하여 (여러 곳에) 편재할 수 있다.
분열 또는 융합 가능	복합적인 존재이므로 자신의 다양한 측면을 분리할 수 있다.

표 6-3 신의 역할

우주의 구성원	
우주 구성물의 창조자	최고의 부부신으로부터 나와서 우주 기관의 여러 부분을 창조하는 임무를 지닌다.
우주의 부분	우주 구성물을 인격화한 것이다.
통치자	신의 의지가 구성물 하나하나를 지배한다.
파수꾼	다양한 영역에서의 성스러움과 완전성을 유지한다.
우주의 활성	
자연의 힘의 본질	신들 간의 싸움이 자연현상을 일으킨다.
교체자	점진적으로 소모되어 싸움에서 교체될 수 있다.
시간의 구성 요소	신의 실체는 다양한 시간의 단위를 형성한다.

세계의 지도자		
창조자		신비한 활동을 통해 존재들을 만든다.
형성자		창조물에 특성을 부여한다.
영속자		자신의 주기를 통해 종들을 영속시킨다.
삶과 죽음의 주기를 발생시키는 자		잉태, 탄생, 영양 섭취, 성장, 성숙, 병, 죽음의 주기를 만든다.
통치자		창조물의 운명을 지배한다.
인간 생활의 지도자		
수호자	창조자	자신의 실체로부터 인간의 무리를 만든다.
	형성자	창조한 무리들에게 자신의 실체의 특성을 부여한다.
	안내자	인간을 약속의 땅까지 인도한다.
	보호자	산에서 지켜보고, 보호하고, 재능을 부여한다.
침입자		인간의 소유물을 빼앗고 그들에게 영향을 가한다.
심판자		인간에게 상을 주거나 벌을 가한다.
저세상의 지배자		죽은 자들의 세계를 통치한다.

_최해성 옮김

제7장
신성한 시간과 공간

1. 과정적 시간

에꾸메노의 시간-공간과 안에꾸메노의 시간-공간 사이에 존재하는 개념의 차이는 단순히 양적이거나 위치적이거나 시차적인 것이 아니라 질적인 것이다. 종합하자면 이 개념들은 상이한 것이다.

절대 신성의 차원, 즉 유일신의 차원을 상정하면 보통 시공간이 무(無)화된 무언가를 떠올리게 된다. 양수(兩數)지존(아버지 신과 어머니 신)의 다원성과 상보적 대립성에서의 출발이 전제되지 않고서는 사건들의 선후를 상상할 수 없기 때문이다. 따라서 상반되는 것들의 대립으로부터 시공간이 존재하게 된다는 생각에서 출발하면 서로 다른 속성을 가진 시공간들이 있음을 알 수 있다. 즉, 신화적인 차원에서 두 개의 큰 범주로 나눌 수 있다. 과정적(過程的) 시간-공간과 경계적(境界的) 시간-공간이다.

과정적·신화적인 시간 속에서 양수지존 사이에서 태어난 서로 이질적인 신들(자녀들)은 외형을 바꿀 수 있다는 단순하지만 특별한 속성을 부여받은 존재다. 이들은 다양한 조합을 통해 변모하는데, 이것이 바로 안에꾸메노적 무한 차원 상태로, 이 무한 차원 속에는 존재하는 온갖 속성의 가능한 모든 조합이 등장한다. 그렇다면 이러한 상태는 어떤 식으로 하나의 형상 속에 재현되는 것일까? 신화를 보면 답을 알 수 있다. 수많은 조합의 과정을 통해 결국에는 인간이 빚어지기 때문이다. 지금부터 이 장에서 상세히 서술하겠지만, 신화라는 것은 사람(등장인물)과 상황(배경)과 결론(대단원의 결말)으로 구성된 하나의 구조물이다. 좀 더 쉽게 말하자면, 신화는 우리 인류와 너무나도 흡사한 등장인물들이 벌이는 온갖 사회적 행위와 거의 대동소이한 모험담의 형상을 띠는 것이다.

'사슴'은 에꾸메노적 존재의 최종 형상에 해당하는데, 이 '사슴'이 변모하는 존재인 '사슴의 신화적 조상'으로 거슬러 올라가, 자신의 조상이 토끼의 조상에게서 뿔을 훔쳐내는 모험을 경험하게 되는 것이 그 예다.

인간에게는 자신을 이루고 있는 섬세한 물질들 속에서 일부를 끄집어내어 안에꾸메노 세계를 다닐 수 있는 능력이 있다. 그 물질들은 안에꾸메노 세계에서 절대 현재, 즉 시간의 흐름 속에서도 없어지지 않는 '완전한 시간'을 찾아낼 수 있다. 따라서 신화적 시간 속에 머무는 탁월한 능력을 지닌 사람은 적절한 신화적 에피소드를 골라낸 뒤 이를 배경으로 행동할 수 있다. 최면요법을 행하는 의사가 환자 치료에 적합한 에피소드를 배경으로 선택하는 것이 그 예다. 이런 식으로 다른 시공간에서 치료를 마친 의사는 에꾸메노로 귀환하는데, 이때 의사는 안에꾸메노에서 행한 치료 행위가 에꾸메노에서 효험을 발휘할 것으로 생각한다.

17세기 문헌에 기록된 이러한 의사의 행동으로 미루어볼 때, 신화적인 과정적 시간 속에는 일련의 사건의 연속이 존재한다. 이 사건들은 인과 법칙에 따라 서로 연결되어 있다. 그러나 실제로는 어떠한 사건이 마무리된 뒤에 또 다른 사건이 일어나기도 하지만, 항존하는 현재 속에서 모든 사건이 동시에 일어나기도 한다. 즉, 인과와 일련의 연속은 우주적 조합으로 구성된 과정적 시간의 기본적 특성이기는 하지만 각 과정의 단계를 파괴해 버리는 것이다. 반대로 에꾸메노의 시간은 과거를 파괴하고 아직 도래하지 않은 미래에 선행하며 지속적으로 달려가는 현재로 이루어진 일종의 선(線)이다. 신화적인 과정적 시간은 '절대 현재'의 시간인 것이다.

2. 경계적 시간

조합의 경과에 다름 아닌 신화적 모험들은 결국 주인공들이 에꾸메노적 존재로 지내는 동안 갖게 되는 본질의 궁극적 목표를 달성하는 순간 마무리된다. 그리고 이 순간은 아침 첫 햇살을 받는 찰나에 고형화된다. 바로 창조의 순간이다. 경계적 시간이란 안에꾸메노와 에꾸메노라는 거대한 양대 차원 사이를 지나는 대대적인 진입 직전의 시간을 말한다. 이 시간은 신화적 인물들이 지니고 있는 변모하는 특성이 활동을 중단하는 것과, 그 특성이 신성한

박스 7-1 에꾸메노와 안에꾸메노의 경계적 영역

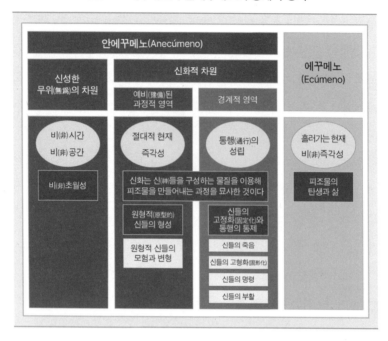

시간과 만나는 경계에서 멈춰 서 정렬하는 것을 모두 아우른다. 고형화된 신화적 인물들은 적절한 순간에 에꾸메노적 시공간으로 넘어갈 태세를 갖춘다. 그리고 과정적 시간과 마찬가지로 경계적 시간 역시 일련의 연속 속에서 파괴되지 않는다.

대대적인 정렬이 발생한다는 것은 곧 햇살의 비춤과 함께 천상의 신들과 지하 세계의 신들이 합의에 이르렀음을 의미한다. 이러한 합의와 관련해서는 규범처럼 전해 내려오는 문구가 있다. "아직 밤이 지속되고 있을 때 저 위의 세상과 죽음의 세계 사이에 결정이 내려졌다"[1]가 바로 그것이다. 경계적 시간에서는 순환주기가 정해지고, 인과의 순서가 설정되며, 인간 세상과 신의 영역 간에 이루어질 소통의 형태가 수립된다. 이뿐만 아니라 부수적으로는 경계적 시간이야말로 향후 도래할 신들에게 인간이 제물을 바치기에 적합한, 그런 시공간이기도 하다.

경계적 시간 속에 정착하는 것을 가장 잘 그려낸 신화 중 하나가 바로 『추마이엘의 칠람 발람(Chilam Balam de Chumayel)』이다. 이 작품에는 한 달이라는 기간의 날들이 견고한 연속 속에서 만들어져 가는 과정과, 이러한 연속이 천지창조의 순간과 합치되며 빚어진 결과 등이 잘 묘사되어 있다. 하루하루는 서로 다른 길이의 시간을 주기로 하여 돌아가는 두 개의 순환 속, 두 개의 요소가 하나로 결합하는 과정에서 만들어진다. 두 개의 순환 가운데 하나는 13개의 숫자를 내포하고 있고, 또 다른 하나는 20개의 형상을 내포하고 있다. 이 요소들 각각의 결합은 신화 속에서 원초적 인간인 옥슬라운 옥(Oxlahún Oc)이 내딛는 거대한 걸음들의 연속으로 표시된다. 발이 13개 있는 옥슬라운 옥은 그에 앞서 먼저 길을 걸어간 이름 모를 또 다른 존재가 남긴 20개의 발자국을 밟으며 걸어간다. 이 발자국에 옥슬라운 옥의 발바닥이 닿을 때마다 하나의 조합, 즉 하루가 만들어진다. 결국 하루는 연쇄의 연속성 속에서 탄생하며, 이 연속성이야말로 이 세상에 하루가 빚어지도록 규정하는 주체다. 이렇듯 『추마이엘의 칠람 발람』은 하루하루의 연속적 연쇄에

---

1   "Cuix ic itolo in topan in mictlan, in yohuayan", 피렌체 고문서, 제VI권. F. 120r.

대한 책이다. "그들은 천상의 중심부로 가서는 서로 결합하기 위해 손에 손을 맞잡았다".

또한 이 책에서는 일시적이며 더 규모가 큰 일련의 결합에 대해서도 언급한다. 예를 들면, 7200개의 날들로 이루어진 단위인 '까뚠(katún)'이 그것인데, 까뚠은 의인화되어 특정 기간 세상을 통치하는 신으로 묘사되고 있다. 까뚠이 세상을 통치하는 동안에 그의 뒤를 이을 또 다른 까뚠은 자신이 통치할 기회를 기다린다. 현재의 통치자인 까뚠은 예를 다하여 자신의 뒤를 이을 차기 까뚠이 자신의 집에 머물도록 한다.

3. 추방된 신

서로 이질적인 신적 존재들의 조합을 통한 우주적 진화는 다양한 모험 속에서 신화적 방식으로 서술된다. 그리고 이 모험들 속에서는 신들이 어쩌다 과정적 시공간 속에 놓이게 되었는지, 어떤 과정을 거쳐 삶과 죽음이라는 순환 속으로의 편입이라는 운명을 걸머지게 되었는지가 설명된다.

멕시코 중부 지역에서 유래된 한 신화에 따르면, 시뜰랄라또낙(Citlallatónac)과 시뜰랄리구에(Citlalicue)가 천상에서 결혼하면서 만들어진 양수지존이 규석으로 된 거대한 칼을 잉태했는데, 시뜰랄리꾸에가 이 칼을 분만하자 기존의 양수지존 자녀들이 기겁을 했다고 한다. 너무나 놀란 양수지존의 자녀들은 그 칼을 천상에서

내던져 버리기로 뜻을 모았고, 덕분에 지상으로 내동댕이쳐진 칼은 치꼬모스똑[2]이라는 곳에 떨어졌다. 이때 칼이 산산조각이 나면서 총 1600명의 신으로 분리되었다. 이들 신은 자신들이 천상에서 추락하여 추방된 사실을 알고서, 부모인 양수지존에게 부디 자신들에게도 노역할 피조물을 창조할 권능을 주십사고 청원했다. 어머니인 시뜰랄리구에 신은 이들에게 원하는 걸 이루기 위해서는 죽음의 신에게 도움을 청해야 한다고 했다. 죽음의 신에게 부탁해 피조물을 빚어내는 데 필요한 죽음의 물질을 얻어야 한다는 것이었다.

역시 멕시코 중부 지역의 또 다른 신화 두 건도 각각의 판본에 차이는 있지만 하나같이 신들의 추방 과정에 대해 언급한다. 그중 한 신화에서는 시뜰랄리구에 여신이 천상으로부터 1600명의 자녀를 그냥 지상으로 내려 보냈고, 그 결과 그 자녀들이 떼오띠우아깐이라는 도시에 정착했다고 말하고 있다. 그러나 또 다른 신화는 자녀신들이 태어난 장소인 따모안찬[3], 즉 수치뜰 이까깐(Xúchitl Icacan)에서부터 이야기를 풀어나간다. 자녀신들은 그곳에서 행복하게 살아가던 중 어느 날 꽃을 꺾고 나뭇가지를 잘라버리는 잘못

---

2   치꼬모스똑(Chicomóztoc)은 나우아뜰로 '일곱 동굴이 있는 곳(Lugar de siete cuevas)'이라는 의미다. 후고전기 시대에 멕시코 중부 지역의 '나우아의 일곱 부족(Las siete tribus nahuatlacas)'이라 불리던 '떼빠네까(Tepaneca), 소치밀까(Xochimilca), 찰까(Chalca), 아꼴후아(Acolhua), 뜰라우이까(Tlahuica), 뜰락스깔떼까(Tlaxcalteca), 메시까(Mexica)' 부족이 기원한 신화적인 장소의 이름이다.

3   따모안찬(Tamoanchan)은 후고전기 메소아메리카의 신화적인 낙원이다.

을 저지른다. 당시 또나까떼꾸뜰리(Tonacatecuhtli)와 또나까시우아
뜰(Tonacacíhuatl)의 모습으로 지내고 있던 양수지존 부모는 몹시 노
여워했다. 결국 양수지존이 자녀들을 쫓아내 버리는 바람에 이들
은 지상과 지하 세계에 살게 되었다. 이렇게 추방된 자녀신들은
자신들이 지은 죗값으로 사회를 구성해 살고, 성교를 하며, 죽음도
맞는 벌을 받게 되었다. 특히 눈이 멀어버리는 벌도 받았는데, 이
는 일정 기간이 지나면 시력을 상실해 더 이상 천상의 신비를 볼
수 없게 됨을 의미했다. 여기에서 한 가지 흥미로운 것은, 추방된
신들이 언젠가 죽어야 하는 징벌에 처해짐과 동시에 성교를 할 수
있게 되었다는 점이다. 성교를 통한 번식은 이 땅 위 피조물의 영
속성을 담보하므로 결국 죽음을 조롱할 수 있는 원동력이 될 것이
기 때문이다.

4. 태양이 세상을 지배하다

경계적 시공간과 에꾸메노의 시간은 신들 중에 제일 먼저 죽은
태양이 관장한다. 태양은 지하 세계에서 죽음의 물질을 얻은 뒤
스스로 피조물, 즉 찬란히 빛나는 별이 되었다. 신화에 따르면, 태
양은 스스로 희생의 화톳불 속으로 뛰어든 뒤 사자(死者)의 구역을
지나면서 보물을 손에 넣었다고 한다. 태양이 손에 넣은 보물은
황금빛 깃털이 달린 찬란하게 빛나는 망토였는데, 망토에 달린 황
금 깃털의 빛으로 곧 만들어질 세상을 환히 비추게 될 것이었다.

이렇게 태양은 자신의 피조물, 즉 세상을 비추는 새로운 능력으로 세상을 통치하게 될 별을 만들어내는 창조자가 되었다. 그러나 여전히 징벌도 유효했으므로, 이 두 가지 속성을 모두 발휘해 날마다 죽고 부활하기를 거듭하게 된 것이다.

태양은 조만간 만들어질 세상을 관장하는 일을 위임받았다. 태양은 지평선 위로 모습을 드러내자마자 다른 형제들을 만나서는 그들 모두가 자기 길을 따라야만 제 임무를 개시하겠다고 천명했다. 즉 형제들도 하나같이 죽어서 지하 세계로 하강하는 과정을 거쳐야 한다는 것이었다. 당연히 태양의 햇살에 신들의 변모하는 특성은 모두 무화되어 버렸다. 햇살이 비추는 순간 그 시점의 특성으로 고형화되기 때문이었다. 결국 많은 신이 반기를 들면서 산속이나 동굴 속으로 숨어들었다. 그러나 이미 정해진 세상의 운명을 뒤바꿀 수는 없었다. 결국 태양은 스스로의 규범을 설정한 뒤, 그 규범에 따라 경계적 영역과 다가오는 에꾸메노를 통치하기 시작했다.

변모하는 신화 속 신들이 피조물로 변환되는 모든 과정, 즉 태초의 일출로부터 태양이 지하 세계로 진입하기 시작하는 순간에 이르는 전 과정과 세상이 돌아가는 원리는 경계적 시공간 속에 함축되어 있다. 그리고 이(신화적인 과정적 시간처럼 무한 현재로 이어지는) 경계적 시공간 속에는 변환기가 언제나 일련으로 이어지는 하위 단계들의 연속 속에서 현시적이고 동시적으로 존재한다. 변환기는 고대 신화뿐 아니라 현대 신화에서도 큰 중요성을 지닌다. 모든 신화에서 잔인하고, 비순응적이고 원죄를 지닌 피조물이 등장하는 시점이 바로 이 변환기이기 때문이다. 피조물은 통상 식인자로 묘사되는데, 제 자식을 잡아 삶아서 따말[4]로 만들어 먹는 존재로 알려져 있다. 이들은 신의 규범 같은 것은 아랑곳하지 않고 근친 상간 관계를 유지한다. 이런 단계에는 폭력이 만연하고, 그렇기 때문에 반항적인 존재들에게는 확고한 통제력이 발휘될 수밖에 없다. 태양의 규범에 반발하는 피조물의 많은 수가 동굴이나 지하로 숨는다. 하지만, 그들에게 닿은 태양빛이 그들을 사나운 동물로 만들어버린다. 결국 모든 것은 태양과 마찬가지로 죽으며, 태양과 마찬가지로 다시 태어난다. 또한 모든 것은 태양과 마찬가지로 지하 세계에서 단단한 껍질을 두르며, 태양과 마찬가지로 삶과 죽음이라는 순환적 운명을 진 피조물로 변한다.

태양은 야만성을 파괴하고(물론 고정된 하위 단계로는 존재하지만), 안 에꾸메노와 에꾸메노 사이를 통과하는 규칙과 순서를 조율한다. 엄격한 날짜 순서에 맞춰 지나는 순서를 정하고, 신들이 이 세상에 기거하는 동안 각자 확정적이거나 변화 가능한 상황에서 일하도록 명령한다.

모든 상태는 상호적이어서, 마지막 상태는 다시 최초의 상태를 불러오는 이유로 작용한다. 신들이 너무 열심히 일하면 뜨겁게 차오르는 고단함이 존재를 고갈되게 만들고, 이 고갈은 다시 비효율이나 무위(無爲)를 불러온다. 그러면 다른 존재들(즉 인간들)이 신들

---

4   따말(tamal)은 옥수수 가루로 만든 반죽에 고기와 치즈, 고추 등의 채소를 넣어 옥수수 껍질이나 바나나 잎으로 싸서 찐 음식이다.

에게 음식을 주기 위해 필요한 일을 담당하게 되고, 그사이에 뜨겁
게 끓어올랐던 고단함이 다시 식으면서 신들은 힘을 재충전하고
자신의 임무를 완수할 수 있게 되는 것이다.

5. 인격화된 시간

창조자적 권능을 지닌 채 서로 손을 잡은 날들, '통치의 집'에 거
주하면서 자신들의 후계자 '까뚠'들을 그곳에 거주시키는 '까뚠'
들……. 이런 것들 가운데 그 어떤 것도, 가장 작은 피조물에게까
지 인간적인 영혼을 부여하는 우주의 개념에서는 전혀 특이하지
않다. 시간은 분열하고 융합하는 신적 권능 덕분에 일련의 순환
속에서 각각의 개별성을 한데 모아 조립하거나 원상으로 복원시
키는 인격화된 개체들의 총체다. 시간은 순서대로 세상 속을 지나
기 위해 서로 "손을 잡는다". 이렇게 하여 인간은 자기 자신이라는
연합체와 나란히 평행하는 다른 연합체들에 둘러싸이게 되며, 이
연합체들과 영원히 상호 존중하는 관계를 수립해 나간다.

실바누스 몰리[5]에 따르면 마야인들은 둘 이상의 신이 융합해 하
나의 개체를 형성할 수 있다고 믿었던 것으로 보인다. 에릭 S. 톰
슨[6]은 하루하루 그 자체가 1에서 13까지의 번호가 매겨진 하나의

---

5   실바누스 몰리(Sylvanus Griswold Morley)는 미국의 고고학자, 금석학자로,
    마야 문명을 연구했다.

숫자 신과 20개의 이름 중 대표적으로 이끄(IK: 바람), 아아우(Ahau: 주군)라고 불리는 다른 신이 융합해 만들어진 일종의 신성이라고 지적한다. 결과적으로, 개별적 신성 둘이 융합해 제3의 신성이 합성되며, 이 제3의 신성이 세상을 지배하는 데 필요한 하루의 여정을 시작한다. 그러다가 자신이 맡은 임무를 완수하고 나면 다시 당초의 개별 신성으로 분리된 뒤 각각 자신이 속한 무리의 제일 뒤로 가서 도열하는 것이다. 13개의 신과 20개의 신이 단순하게 융합하는 경우의 수를 고려하면 총 260개의 합성 신이 만들어질 수 있다. 이 신들 가운데 하나는 짐 역할을 하고, 다른 신은 짐을 나르는 짐꾼 역할을 한다. 다시 말해 '완전한' 신은 짐꾼-짐의 결합체인 셈이다.

하루하루 날들의 합성만이 시간에 신성을 부여하는 유일한 방법은 아니다. 다른 시간의 단위들도 역시 신성이며, 그 조합의 가능성 역시 날을 만들어내는 조합과 유사하다. 마리아 에우헤니아 구띠에레스 곤살레스[7]는 도상 자료, 언어 자료, 사료, 금석문 자료, 인종학 자료 등을 취합해 작성한 상세한 논문에서 이렇게 주장한 바 있다. 짐꾼과 짐이 한데 어우러진 이중 형상이 서로 다른 시간 단위의 조합 속에 등장한다는 사실도, 태양 역시 신(神)-날(日)의 짐

---

6   에릭 톰슨(Eric S. Thompson)은 영국의 고고학자, 민족사학자, 금석학자로, 마야 문명, 특히 마야의 금석문을 연구했다.

7   마리아 에우헤니아 구띠에레스 곤살레스(María Eugenia Gutiérrez González) 는 멕시코의 고고학자로, 마야의 달력, 금석문, 도상(圖像), 그림 문자, 신(神) 등을 연구한다.

꾼으로 여겨진다는 사실도 흥미롭지 않을 수 없다.

톰슨도 지적하고 동일 분야의 다른 연구 결과에서도 증명되듯이, 시간에 신성이 깃들어 있다는 믿음은 지금도 여전히 유효하다. 메리 쇼(Mary Shaw)에 따르면, 추흐(Chuj) 부족은 에스파냐어로 '시간(horas)'이라 부르는 시간의 단위를 말할 때 이를 인격화하여 부른다고 한다. 이뿐만 아니라 시간의 마음을 달래기 위해 봉물을 바치기도 하는데, 이는 추흐 부족이 시간을 태양과 유사한 기능을 담당하는 짐꾼으로 여기기 때문이다.

마야 부족만이 시간을 신성화하는 것은 아니다. 예를 들어 멕시코 중부 지역에서 발견된 고문서들을 보면 태어나는 찰나에 제2의 영혼으로 몸 안에 깃들게 되는 신-날을 비롯해 인간이 섬기는 모든 것에 대한 언급이 있다. 또한 각 날이 찾아올 때마다 그날에 대해 경배를 드리는 의식에 대한 언급도 있다. 한편, 고문서의 그림들에는 각 날의 번호가 매겨진 13신의 모습과 밤의 번호가 부여된 9신의 모습이 그려져 있기도 하다. 이 신들은 단순한 보호신이 아니다. 번호가 매겨진 13신은 날아다니는 동물을 타고 여기저기를 돌아다니는데, 이들 모두는 마치 사람처럼 월력의 숫자 칸을 차지하고 있다.

6. 3층으로 이루어진 우주

상하의 개념으로 봤을 때, 우주는 거대한 3층으로 이루어져 있으며, 다양한 신화가 이러한 우주의 층에 대해 이야기한다. 이렇게 세 개의 층으로 이루어진 우주에는 태초부터 원초적 존재가 있었던바, 그 존재는 물에 사는 흉포한 성격의 여성성을 지닌 것으로, 많은 경우 악어의 형상으로 그려진다. 그러나 주둥이에 톱니가 달린 거대한 물고기(pez-sierra)나 이가 있는 두꺼비, 또는 카멜레온 형상으로 그려지기도 한다. 이렇게 신의 형상이 다양한 것은 전혀 특이하지 않은데, 메소아메리카 지역에 전해지는 도상이나 구전 문학은 존재의 속성들이 불러일으키는 이미지에 따라 끊임없이 달라져 왔기 때문이다. 즉, 자연주의에 입각한 시각 이미지나 언어를 활용해 초상화처럼 세밀하게 묘사한 자료만을 근거로 그 형상을 확인해야 하는 것은 아니라는 말이다. 예를 들어 우주나무를 그린다면, 나무의 몸통이 두 개일 수도 있고, 색깔이 두 개일 수도 있으며, 서로 다른 다양한 꽃이 필 수도 있고, 나뭇가지가 나선형으로 자라거나, 그리는 사람이 자신이 처한 상황 속에서 그리고 싶은 대로 몸통의 움푹 팬 곳에 해조류나 다른 다양한 형상이 자라는 식으로 그릴 수도 있다.

신화 속에 등장하는 원초적 존재는 물에 사는 냉혹하고 무시무시한 여성적 존재로, 원래 둘로 나뉘어 있어서 각각 하위와 상위, 즉 땅과 하늘을 점하고 있었다. 그런데 이 둘은 하나로 합쳐져 태고의 통합체로 회복되기를 염원했으며, 결국 하늘이 땅으로 쏟아져 내리게 된 결과 대규모 홍수가 발생했다. 신들은 이 문제를 해결하기 위해 하늘을 다시 일으켜 세우기로 하고 다시는 땅과 합쳐지지 못하게 하려 했다. 이를 위해 신들은 우주의 사방 네 모퉁이

박스 7-2 3층으로 이루어진 우주

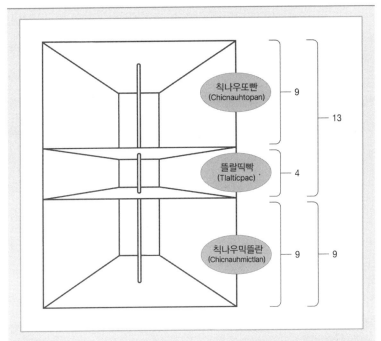

나우아족이 '칙나우또빤(우리 위에 있는 아홉 개)'이라 부르는 하늘은 아홉 개 층으로 분리되어 있다. 중간에는 네 개 층으로 이루어진 '뜰랄띡빡(땅 위)'이 있다. 지하 세계 는 아홉 개 층으로 이루어진 '칙나우믹뜰란(죽음의 아홉 장소)'이다.

에 기둥을 하나씩 세웠고, 이로써 우주에는 기둥 아래층, 기둥 위 층, 그리고 그 사이의 가운데 층이 만들어졌으며, 가운데 층에는 수중 생물과 육상 생물, 하늘을 나는 생물, 별과 유성이 살게 된 것 이다. 한 가지 유념해야 할 것은, 피조물이 살아가는 가운데 층은 경계적 성격의 시공간으로, 이곳은 에꾸메노와 안에꾸메노 간의 통행이 일어나는 곳이라는 사실이다.

7. 우주계층론에 대한 비판

학문이라는 것은 의문의 여지가 없는 진리의 총체가 아니다. 학문은 적절한 규범 내에서 고유의 방법으로 다양한 근거를 제시하는 온갖 제안의 변증법적 유희다. 이런 특성은 끊임없이 논쟁의 여지를 제공하기 마련이며, 그 과정을 통해 수정되기도 하고 지식의 체계를 더욱 유효하게 만들기도 한다. 그래서 본 학문 분야에서도 건강하고 활기찬 토론의 장이 유지되고 있는 것이다.

우주의 구조와 관련한 논쟁을 다루기 위해 이 점을 짚고 넘어가는 이유는, 홍수로 인해 우주에 계층이 생겨났다는 가설은 메소아메리카 시대에 이미 우주가 다양한 층위, 좀 더 구체적으로 하늘은 13층으로, 지하 세계는 9층으로 이루어져 있었다는 설에 의문을 제기하게 만들기 때문이다. 지면이 한정된 관계로 본 논쟁과 관련해서는 쌍두마차 격인 두 저자, 제스페르 닐슨과 토케 뢰네르트의 최신 연구를 소개하는 것으로 가름하고자 한다.[8]

그런데 이 논쟁의 기저에는 근본적인 문제점이 존재한다. 아무리 과학적인 제안을 한다 해도 층위를 나눈다는 개념 자체가 유럽

8　제스페르 닐센(Jesper Nielsen)과 토케 셀레르 뢰네르트(Toke Sellner Reunert)의 「계층, 지방, 혼종: 메소아메리카의 우주론 재검토(Estratos, regiones e híbridos. Una reconsideración de la cosmología mososamericana)」, 『하늘과 지하 세계, 메소아메리카 우주론 고찰(Cielos e inframundos. Una revisión de las cosmologías mesoamericanas)』, Ana Días(ed.)(UNAM: Fideicomiso Felipe Teixidor y Monserrat Alfau de Teixidor, 2015), pp.25~64.

식 사고에 기인한다고 생각하는 일종의 부정적 강박이 그것이다. 앞서 언급한 두 학자는 자신들의 연구에서 다음과 같이 주장한다. "우리는 다층 구조로 이루어진 우주에 대한 개념이 에스파냐 정복자들과 함께 들어왔다고 생각한다. 좀 더 구체적으로는, 프란치스코 수도회와 도미니코 수도회의 성직자들이 들어오면서 생겨난 개념인 것이다. 우리는 그것을 천상과 지옥 모두 각각 9곡으로 이루어져 있다고 보는 단테의 세계관이라 부른다." 그러나 닐슨과 뢰네르트의 이러한 주장을 비롯한 다른 많은 주장에 대해 옹호의 목소리를 내는 이들은 많지 않다. 다만 한 가지 주장에 대해서만은 많은 이가 찬성한다. '칙나우네빠니우깐(chicnauhnepaniuhcan)'이라는 나우아뜰 어휘(이 어휘를 사용해 수많은 문헌에서 9층을 언급한 바 있다) 속에 들어 있는 '네빠니우(nepaniuh)'라는 말이 '층위' 또는 '겹', '쌓아 올림' 등으로 번역될 수 있다고 한 주장이 그것이다.

닐슨과 뢰네르트의 논거는 반론의 여지가 없어 보이기도 하지만, 문제의 소지도 있다. 알론소 데 몰리나(Alonso de Molina) 신부가 편찬한 나우아뜰 기초 사전 『단어집(Vocabulario)』만 들춰봐도 알 일이다. 이 사전에서는 '네빠노아(nepanoa)'라는 동사에 두 가지 말뜻이 담겨 있다고 설명한다. "뭔가를 다른 무엇과 합치기" 또는 "뭔가를 다른 무엇 위에 올리기"가 그것이다. 따라서 이 용어들에서 과학인 논법을 구사하는 것은 유효하지 않다.

동일 분야를 연구하는 다른 학자들은 이미 하나의 동사에 두 개의 뜻이 함축되어 있다는 너무나도 명확한 사실을 거부하려 들지 않는다. 그러한데도 첫 번째 말뜻만 강조하며 논리를 펴나가다가는 두 번째 말뜻은 완전히 잊어버리고 무시하여 결국에는 끝내 그 뜻으로 돌아오지 못하게 될 것이다.

8. 우주계층론에 대한 가설의 재정립

종합적으로 볼 때, 하늘의 층위와 관련해 필자가 참고한 1차 문헌자료는 다음과 같은 점에서 정확히 고대 메소아메리카의 층위 개념과 일치한다는 것을 확인할 수 있다.

① 앞서도 언급한 네빠노아라는 동사는 종교의식에서 제례복의 일부로 활용되던 것인데, 가슴 부분에 사선으로 걸치는 일종의 스톨을 지칭하는 명사로 등장한다.

② 이는 톰슨 목록 552와 553-b에 해당되는 마야 시대 장식품으로 '하늘의 띠'라는 뜻을 내포하고 있다.

③ 점성술에 대해 언급하고 있는 오랜 사료에서도 이를 '아홉 겹으로 주름 잡힌 하늘'을 볼 수 있는 능력으로 언급하고 있다.

④ 모서리가 동글동글하고 나란히 평행으로 놓인 뱀 형상의 띠로 된 흥미로운 층위 형상도 있다. 세실리아 클라인(Cecila F. Klein)이 드레스덴 고문서 62쪽에서 영감을 얻어 재현한 것으로, 다시 이를 출발점으로 삼아 헨리 클라인(Henry F. Klein)은 하늘과 지하 세계의 층위에 대한 가설을 재정립하는 흥미로운 그림을 그려내기도 했다. 이는 매우 중요한 그림 자료로, 드레스덴 고문서에 나오는 그림에만 전적으

로 의존하지는 않았다. 메소아메리카의 다양한 문화와 당시 생산된 그림과 조각들에서도 반복적으로 등장하기 때문이다. 특히 일부는 하늘이나 지하 세계로부터의 하강, 별, 시간, 기상 등과도 관련되어 있음이 틀림없다.

⑤ 우주에 대한 묘사 정황 외에도 '주름 잡힌 까뚠'에 대한 언급도 있다. 이 언급은 드레스덴 고문서 60쪽에서도 재현되고 있는데, 여기에는 유인원의 형상을 한 까뚠이 짐꾼이 떠받치고 있는 가운데 모서리가 똬리를 튼 채 나란한 형태로 미끄러져 가고 있는 뱀 머리 꼭대기에 올라앉은 형상이 그려져 있다.

⑥ 또한 정황 묘사 외에 문법을 적용한 숫자 생성과 관련하여, 몰리나(에스파냐어 – 나우아뜰, 119r)는 '-뜰라만뜰리(-tlamantli)'라는 접미어에 대해 언급하면서, 숫자에 이 접미어를 붙이면 겹쳐 올린 것을 지칭하게 된다고 했다. 몰리나는 저서에서 이렇게 기술한다. "여러 개의 수를 헤아릴 때에는 대화들, 설교들, 구두나 신발 켤레들, 종이들, 접시들, 그릇들, 창고들, 천국들과 같이 '들'을 붙여준다.[9] 이는 하나 위에 다른 하나가 겹쳐 있을 때 사용한다. 그런데 어떤 하나가 또 다른 하나와 별개이거나 분리되어 있을 때에는 '어떤 것' 또는 '어떤 하나'라고 말하며, 이를 나우아뜰로는 '센뜰라만뜰리(centlamantli)'라고 한다." 전술하다시피 몰리나는 복수화된 어휘들 속에 '천국들'을 포함시키고 있다.

⑦ 끝으로, 오늘날에도 다양한 인디오 부족 사이에서 우주의 층위와 관련

---

9   원문에서는 복수를 표현하기 위해 명사 뒤에 's'를 붙여 여러 개라는 것을 드러냈다.

된 숱한 언급이 존재한다. 성직자들에 의해 유포된 우주 층위에 관한 관념이라고 생각하는 것은 타당치 않다. 우주 층위에 대한 관념은 프란치스코 수도회나 도미니코 수도회의 선교사들이 개종자들의 뇌리에 각인시키고자 했던 신앙보다 훨씬 더 생생한 믿음으로 자리 잡고 있었기 때문이다. 오히려 오늘날 많은 이들이 이러한 사고가 격조 높은 유럽식 꼬스모비시온에서 비롯되었다고 생각하는 것은 이상한 일이다. 기하학적 우주 개념이라는 독창적 사고는 메소아메리카인들의 사고의 근간이었고, 그들이 우주의 활동을 설명하는 바탕이었다.

요약하자면 명확한 증거들은 앞서 언급한 강박적 부정에 우선하며, 우주가 층위, 즉 다층으로 구성되어 있음을 증명하고도 남을 만큼 충분하다. 따라서 필자는 우주의 구조에 대해 필자가 인식한 바를 다음과 같이 밝힌다.

① 우주는 세 개의 층, 즉 하늘, 피조물의 공간, 지하 세계로 구분되어 있다.
② 수평적으로 보면, 상기한 3층은 각기 십자 형태로 다시 사분되는데, 십자 형태의 중심은 다양한 상징물로 표현된다. 예를 들면 하늘의 경우에는 십자 형태로 교차하는 띠가 상징물이며, 지상의 경우에는 네 개의 꽃잎을 가진 꽃송이가 상징물이며, 지하 세계의 경우에는 십자 형태나 X자 형태로 교차하는 다리뼈가 상징물이다.
③ 하늘과 지하 세계는 각각 수직적으로 9층으로 구성되어 있으며, 중간 층은 총 4층으로 이루어져 있다. 따라서 지표면을 기준으로 보면 지상

으로 13층, 지하로 9층이 있는 셈이다.

④ 이러한 구조 덕분에 우주는 다양한 시간 단위 사이를 통과하며 날짜가 순환하는 역동성을 갖게 된다. 이는 끈 하나가 다른 것 위에 포개어진 상태로 움직이는 두 개의 끈으로 대표된다. 상징적으로, 밤낮의 순환주기에서, 세계 끝의 네 나무가 매일 행하는 교대에서, 해(年)들의 교대에서, 까뚠들의 교대 등에서 마치 뱀의 몸 두 개가 서로 번갈아가면서 수직으로 움직이는 것과 같다.

_ 김수진 옮김

제8장
우주라는 기계와 에꾸메노의 시간-공간

1. 연결하고 통행하는 기능

우주는 거대한 기계장치와 같은 것으로, 그 안에서 다양한 신, 힘, 피조물이 배분되어 조직화하고 작용하며, 안에꾸메노와 에꾸메노 사이의 흐름이 질서정연하게 이루어진다. 그 기계장치의 구조는 복잡하며 그 구조를 조절하는 숫자들이 있는데, 숫자들 가운데 2, 3, 4, 5, 7, 9, 13, 18, 20, 52, 73과 각 숫자의 배수가 특히 중요하다. 이런 형식 안에서 공간은 시간의 순환 법칙과 상응함으로써 신성한 작용이 이루어지고, 순서가 바뀌고, 순환주기가 변화하는 경로들을 표시해 준다. 안에꾸메노가 피조물의 세계를 활성화하는 것에 상응해, 신들의 총애를 받는 피조물인 인간은 신들이 에꾸메노에서 역할을 완수하는 데 필요한 영양분을 때맞춰 질서정연하게 공급한다. 소통은 문지방이나 문을 통해 이루어지는데, 문지방이나 문은 우주적 건물의 매우 중요한 부분이 될 수 있을 뿐만 아니라 에꾸메노의 자연적인 입들(동굴, 벼랑, 개미집, 두더지 굴의 입구 등), 중요한 날짜에 주기적으로 열리고 닫히는 구멍들, 기적의 장소들 또는 제단처럼 인간이 특별한 목적을 위해 만든 물건들이 될 수도 있다.[1]

하나의 공간-시간 차원에서 다른 차원으로 이동하는 것에 대해 말하자면, 다양한 힘과 신이 안에꾸메노뿐만 아니라 에꾸메노도 점유한다는 사실은 이미 알려져 있는바, 이에 따라 가벼운 물질과 무거운 물질로 이루어진 피조물은 꿈이나 환각 상태에서 그 문들을 통해 자신의 가벼운 물질을 보낼 수 있다. 때때로 우연히 징벌이나 포상으로, 또는 인간에게 메시지를 전하기 위해 신들은 인간을 자신들의 거주지로 데려간다.

상으로 받은 이동의 사례를 들자면, 어떤 남자가 확실히 죽을 처지에 있던 뱀을 구해주자 뱀이 남자를 자기 아버지의 세계로 인도한다는 이야기는 현재 널리 퍼져 있다. 그곳에서 뱀이 여자로 변하고, 남자는 여자와 결혼한다. 그 남자는 특정 상황이 되면 이 세상에 있는 자기 가정으로 되돌아올 수 있다.

'로스 라야도스',[2] 즉 비의 신들에 의해 선택된 사람들에게도 이

---

1 영토란 어느 인간 공동체가 생존, 번식, 문화적 실현과 연관된 활동을 실행하기 위해 점유하는 물리적 공간이다. 이 같은 목적을 위해 공동체는 환경을 생산적으로 이용함으로써 자신들의 필요를 충족시켜 준다는 의미를 영토에 부여한다. 특히 자신들과 닮은 사람들, 신성들 또는 영토에 거주하거나 들어가는 인간들과 상호 관계를 맺기 위한 구역을 설정한다.

2 로스 라야도스(Los rayados)는 '번개를 맞은 사람들'이라는 뜻이다.

와 유사한 일이 일어나는데, 신들은 번개로 이들에게 상처를 입힌다. 그들은 번개에 이끌려 비가 오는 지역으로 가서 기상현상을 통제하는 임무를 맡는다. 그들은 자기 공동체의 밀빠에 미치는 기상현상의 피해를 방지하기 위해, 그리고 물과 관계되는 질병들을 치료하기 위해 자주 세상으로 돌아온다. 그 사람들은 다양한 이름으로 불린다. '뗌뽀랄레로', '그라니세로', '아우이소뗴'[3] 등이다.

2. 시간-공간을 배분하는 장치의 구축

우주라는 기계의 형성에 관한 이야기는 다양하다. 그 가운데 하나가 다섯 태양의 신화다. 우리는 다섯 태양의 신화를 식민시대 초기의 다양한 이야기, 멕시코 중부 지방의 중요한 석비를 통해 알고 있는데, 이는 그 신화가 '태양의 돌' 중앙에, 그리고 '다섯 태양의 돌'이라 불리는 것에, 또한 국립인류학박물관의 '뗴뻬뜰라깔리'[4]에 있기 때문이다. 다섯 태양의 이름은 '네 불의 비', '네 물', '네 재규어', '네 바람', '네 운동'이다. 이 아름다운 신화는 태양들의 숫자와 연속성에 대해 사뭇 다르게 기술한, 아주 다양한 판본이 있다. 그 신화는 기본적으로 세상이 각기 다른 시기가 연속되어 이루어

---

3 뗌뽀랄레로(temporalero)는 '우기의 농부', 그라니세로(granicero)는 '계절 농부', 아우이소뗴(ahuizote)는 '비나 우박이 과도하게 내리지 않도록 신경 쓰는 사람'이라는 의미다.
4 뗴뻬뜰라깔리(tepetlacalli)는 겉에 문양을 새긴 돌 상자다.

진 것이라고 말하는데, 각 시기는 각각 다른 태양이 다스린 끝에 현생인류가 사는 최종 시기인 다섯 번째 태양의 시기에 도달한다.[5] 이처럼 연속되는 각 시기를 지배하던 태양의 신들은 오랜 기간 통치를 한 뒤에 쇠망했다. 각 신들은 그들의 이름과 일치하는 대재난을 통해 후계자 신에게 자리를 내주었다. 각각의 파괴에서 물고기, 새, 개, 원숭이 같은 피조물이 나타났다. 각각의 이야기 사이에는 일치하는 구석이 없음에도 그들의 이야기에서 아주 중요한 자료를 얻을 수 있다. 앞의 태양 넷은 네 개의 방향, 네 개의 색깔(빨간색, 하얀색, 검은색, 노란색)과 연계되고, 당연히 네 개의 방향과

---

5   첫 번째 태양 시대는 거인족이 지배하던 세상이다. 이 시대는 바다에서 떠오른 재규어(표범)라는 괴물신에 의해 완전히 멸망하고 태양도 죽는다. 두 번째 태양 시대는 네 개의 사나운 바람에 의해 두 번째 시대 인류와 모든 것이 휩쓸린다. 인류는 원숭이가 되는 저주를 받고, 태양도 죽는다. 세 번째 태양 시대는 비처럼 내리는 무시무시한 화염에 완전히 멸망하고, 태양도 죽는다. 네 번째 태양 시대는 대홍수로 역시 처참하게 파괴당한다. 사람들은 저주를 받아 물고기로 변하고, 태양도 죽는다. 다섯 번째 태양 시대는 '지진의 시대'인데, 이 시대의 끝에 다섯 번째 태양의 죽음과 거대한 지진이 예약되어 있다. 인류는 또 파멸당하고 말 것이라고 예언된다. 각각의 시기는 수만 년에서 수십만 년으로 추정되는데, 어떤 마야 문헌에는 각 태양 시대의 주기가 5000년이라고 적혀 있다. 바티칸 고문서(Codex Vaticanus) 3738을 보면 첫 번째 태양이 4008년, 두 번째가 4010년, 세 번째가 4081년 동안 지속된 것으로 기록되어 있다. 네 번째 태양은 5042년 전에 시작되었다고 한다.
아스떼까 신화에 따르면 지금 우리가 살고 있는 시대는 다섯 번째 태양의 시대다. 이 태양이 영원히 지속될 것이라고 여길 수는 없다. 우리가 계속 이 땅에 존재하느냐 아니냐는 아스떼까 달력에 표시된 '속죄의 사다리'를 따라 속죄 의식을 준수하느냐에 달려 있다. 신들이 또다시 인류에 무시당한다면 다섯 번째 태양 역시 죽을 것이고, 다섯 번째 태양과 함께 우리도 모두 죽을 것이다.

네 개의 색깔 안에서 세상을 지배하는 단계들이 지속된다.

『추마이엘의 칠람 발람』이라는 책에서는 세상을 창조하기 위해 동쪽에서 빨간색 세이바 나무[6]가 창조되었다고 이야기한다. 북쪽에서는 흰 것, 서쪽에서는 검은 것, 남쪽에서는 노란 것, 중앙에서는 푸른 것이 만들어졌다. 한편, 디에고 데 란다 깔데론[7]이 한 말에 따르면, 유까딴의 옛 마야 사람들은 대홍수의 재난이 일어난 뒤에 "각각 '바깝'이라 불리는" 네 신이 지구의 네 방향 끝 지점에서, 각 지점마다 한 명씩 일어났는데, 이 신들이 하늘을 떠받치는 임무를 맡았기 때문에 그때부터 이 신들에게 역법의 상징들과 우주의 운명에 대한 책임이 맡겨졌다고 믿었다. 이 신들은 네 방향의 색깔 (빨간색, 하얀색, 검은색, 노란색)에 따라 이름이 붙여졌고,[8] 그들에게 바

---

6   마야인들은 세이바 나무를 생명의 나무, 즉 우주의 나무로 여겨 신성하게 모셨다고 한다. 마야인들은 이 세상이 인간계, 천상계, 지하계로 이루어져 있고, 이들은 다시 하나의 구조를 이룬다고 생각했다. 따라서 세이바 나무는 9층의 지하계와 지구 표면(세속 세계), 13층의 신의 세계를 나타내는 마야의 꼬스모비시온을 상징하는 나무로 숭상되었다고 한다.

7   디에고 데 란다 깔데론(Diego de Landa Calderón)은 에스파냐 출신으로, 유까딴의 주교를 지냈다. 마야의 방대한 문서를 불사른 그의 행위는 종교와 문명이라는 이름으로 저지른 가장 야만적인 문명 파괴 가운데 하나로 기록되고 있다.

8   마야의 전통에서 하늘을 떠받치는 네 신을 '바깝(Bacab)' 또는 '바꿉(bacoob)'이라고 불렀는데, 이들을 통해 '신-시간'들이 각자의 운명을 가지고 세상에 도착한다. 각자의 방향이 지닌 네 가지 색깔, 즉 빨간색, 하얀색, 검은색, 노란색을 통해 서로 구분된다. 그림의 형상들은 치첸 이싸의 뱀 기둥에 새겨져 있다. 등에 각각 거북 등껍질, 거미, 작은 달팽이,

치는 의례는 그들이 역법에 따라 세상을 운영하는 방식과 부합해 이루어졌다.

멕시코 중부 지방의 신화뿐만 아니라 (다른 많은 신화와 더불어) 유까딴반도의 신화는 이 네 개의 기둥에 관해 언급하는데, 이 기둥들은 단순히 하늘을 떠받칠 뿐만 아니라 시간의 신들이 시계 반대 방향으로 돌아 세상에 들어가는 길로 사용된다. 다른 신화들은 심지어 그 기둥들의 이름까지 언급한다. 대표적인 신화가 『그림에 나타난 멕시코인들의 역사(Historia de los mexicanos por sus pinturas)』에 수록되어 있다. 이 문서에서는 하늘이 땅으로 무너져 내리자 신들이 하늘을 들어 올리고 남자 넷을 시켜 떠받치도록 했다고 언급한다. 그 남자들의 이름은 각각 '꾸아떼목(Cuatémoc)', '이츠꼬아뜰(Itzcóatl)', '이츠말리(Itzmali)', '떼네수치뜰(Tenexúchitl)'이다. 미셸 그라울리흐[9]는 이런 이름에서 달력의 날짜 네 개의 이름을 발견했는데, 각 날짜는 거리가 동일하고 방향이 달랐다. 날짜의 이름은 각각 '꾸아우뜰리(cuauhtli: 독수리, 서쪽)', '꼬아뜰(cóatl: 뱀, 동쪽)', '이츠꾸이뜰리(itzcuitli: 개, 북쪽)', '소치뜰(xóchitl: 꽃, 남쪽)'이다. 놀랍게도 이 이름들은 『추마이엘의 칠람 발람』이 '날들의 창조' 신화에 등장하는 네 명의 '불태우는 자(quemador)'에게 붙여준 것이다. 즉, 네 독수리(서쪽), 네 뱀(동쪽), 네 개(북쪽), 네 주인(남쪽)인데, '주인'은 나우

큰 달팽이를 지고 있는 모습으로 구분된다.

9   미셸 그라울리흐(Michel Graulich)는 아메리카의 고대문화를 연구한 벨기에의 역사가다.

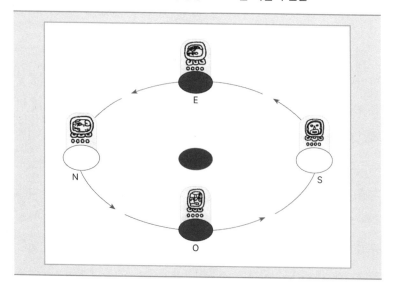

아 사람들이 '꽃(flor)'이라고 부르는 스무 번째 날에 해당한다고 이 해하면 된다.

3. 시간의 배분

그러면 다섯 번째 태양은? 이는 '네 움직임'이라고 불리는 현재의 태양인데, 세상이 완벽해진 뒤부터 세상에 빛을 비춘다. 모든 재난 을 겪은 뒤에 네 방향에 네 개의 기둥이 세워지자 다섯 번째 태양이 태어났고, 그의 형제 신들은 그에게 하늘에서 움직이기 시작하라 고 부탁한다. 그들이 부여받은 임무는 이미 살펴본 바와 같이 그들

형제 신이 모두 희생하는 것이었다. 형제 신들이 모두 죽자 태양이 움직였다. 태양의 움직임과 더불어 하늘을 지탱하던 네 나무가 하나씩 움직였는데, 이 나무들은 신-시간들이 들어가는 통로가 된다. 정해진 규칙은 '시계 반대 방향'으로 이동하는 것이다. 시간은 동쪽 나무를 통해 나가기 시작해 계속해서 북쪽 나무를 통해 가고, 이어서 서쪽 나무를 통해, 그리고 남쪽 나무를 통해 감으로써 다시 동쪽 나무로 돌아온다. 각 방향에 대한 역법의 상징들은 이른바 '해(年)를 운반하는 자들'과 더불어 표시된다. 일반적으로 갈대(동쪽), 규석 칼(북쪽), 집(서쪽), 토끼(남쪽)라고 일컫는다. 그럼에도 불구하고 우리가 알아야 할 점은 이것들이 메소아메리카 전체에서 항상 동일하지는 않다는 사실이다.

존재했던 체계들 중에 다른 것을 살펴보자면 떼오띠우아깐 사람들, 옛 사뽀떼까 사람들, 띠깔과 까미날후유(Kaminaljuyú)의 마야인들, 뜰라빠네꼬(Tlapaneco) 사람들은 '움직임'(동), '바람'(북), '사슴'(서), '이에르바 또르시다'(남)[10]를 '해를 운반하는 자들'의 상징으로 사용했다.

---

10 '이에르바 또르시다(hierba torcida)'의 이름은 '말리날꼬(Malinalco)'인데, 이는 나우아뜰의 '말리날리(malinalli)'에서 비롯된 것이다. 말리날리는 '쥐꼬리새 속'인 사까떼(zacate)의 일종으로, 한국에서는 '검은창끝겨이삭(heteropogon contortus)'으로 불린다. 말리날리는 꼬아서 줄을 만드는 데 사용한다.

박스 8-2 하늘을 떠받치는 네 개의 기둥

하늘을 떠받치는 네 개의 지지대는 나무, 신, 신전 등으로 상징된다.

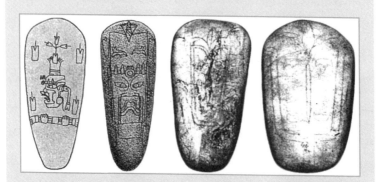

a) 우주를 떠받치는 기둥에 관한 개념은 메소아메리카의 도상학 면에서 유구한 전통을 간직하고 있다. 이 네 개의 올메까* 도끼들 가운데 첫 번째 도끼의 경우, 네 개의 가장자리 지점에 있는 네 개의 기둥은 '세계 축**'을 상징한다. 첫 두 개의 도끼에서 '세계 축'은 '신성한 산', 하나의 거대한 머리로 상징되는데, 머리 밑의 벌어진 부분은 입이고, 윗부분의 벌어진 틈에서는 옥수숫대 같은 우주나무의 싹이 튼다. 간략하게 묘사하자면, 네 개의 기둥에는 이 같은 사항들이 투영되어 있다. 세 번째 도끼에서 세계 축은 단순하게 길게 늘어진 몸처럼 표현되는데, 윗부분의 벌어진 틈에는 또 옥수숫대 같은 신성한 나무가 있고, 네 개의 작은 원이 두 쌍을 이루어 몸 양쪽에 네 개의 기둥처럼 둘러싸고 있다. 네 번째 도끼에서는 세계 축이 길게 늘어진 몸의 형상으로 표현된다. 윗부분의 벌어진 틈에는 옥수숫대가 있고, 네 개의 기둥은 비를 상징하는 기호처럼 그려져 있다.

* 올메까는 기원전 1200년경부터 기원 전후 시기에 걸쳐 메소아메리카에서 번성한 문명이다. 아메리카에서 맨 먼저 출현한 문명으로, 이후 메소아메리카 문명의 모체가 된다.

** 세계 축(axis mundi)은 '우주의 축', '세계(우주)의 중심'으로, 천국과 지구 사이를 연결한다. 네 개 방향이 만나는 하늘과 땅 사이의 연결 지점으로, 세계의 시작점인 '옴팔로스' 역할을 한다.

b) 우주나무의 위치를 나타낸 그림이다. 가운데에 세계 축이 있는데, 이 축을 통해 땅이 하늘의 중심, 지하 세계의 중심과 연결된다. 마야식으로 재현된 이 도상에서 나무들은 각기 다른 다섯 가지 색깔의 세이바 나무로 표현된다.

c) 하늘을 떠받치는 기둥 넷은 4가지 색깔의 뜰랄로께[*]로 표현되어 있다. 4가지 색깔은 순서가 늘 동일하지는 않기 때문에 그림과 같은 일반적인 순서와는 다르다는 사실을 인식해야 한다.

• '뜰랄로께(Tlaloque: 땅의 넥타)'는 메시까 신화에서 그릇에 물을 담아 대지에 뿌리는 임무를 맡은 뜰랄록(Tláloc)의 조수다. 신화에 따르면 비가 오게 하려면 뜰랄로께들이 그릇을 깨뜨려야 하는데, 천둥소리는 그릇이 깨질 때 나는 소리라고 한다.

d) '아메리카 박물관(Museo de América)'에 소장된 고문서의 나무 네 개는 각기 다른 네 개 종(種)의 개체를 표현한 것이다. 동쪽은 께찰미스끼뜰(quetzalmízquitl: 콩과 식물)' 또는 아름다운 메스끼떼[*], 북쪽은 께찰뽀초뜰(quetzalpóchotl)' 또는 아름다운 세이바, 서쪽은 께찰아우에우에뜰(quetzalahuéhuetl)' 또는 아름다운 아우에우에떼[**], 남쪽은 께찰우에소뜰(quetzalhuexotl)' 또는 아름다운 우에호떼[***] 다.

[*] 메스끼떼(mesquite)는 중남미에서 자생하는 나무로, 숯을 만들거나 음식을 조리하는 불을 피울 때 쓰인다.

[**] 아우에우에떼(ahuehuete)는 '멕시코낙우송(Montezuma Cypress, 몬테수마 사이프러스)'이라고 알려져 있다. 멕시코 중부에서 과테말라에 걸쳐 서식하는 낙우송과의 상록침엽수로, 측백나무와 잎이 유사하며, 길이 약 4센티미터의 솔방울 같은 열매를 맺는다.

[***] 우에호떼(huejote)는 멕시코 남서부에서 과테말라 중심부에 걸쳐 펴져 있는 다년생 버드나무다.

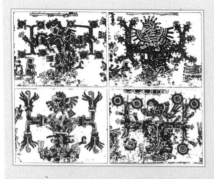

e) 동쪽, 북쪽, 서쪽, 남쪽의 네 나무 역시 네 명의 각기 다른 사람으로 그려져 있는데, 그림이 아주 섬세하다.

f) 네 명의 신이 하늘을 등에 지고 있다. 왼쪽부터 오른쪽으로 뜰라우이스깔빤떼꾸뜰리(동쪽), 시우떼꾸뜰리(북쪽), 께찰꼬아뜰(서쪽), 믹뜰란떼꾸뜰리(Mictlantecuhtli: 남쪽)이다.

g) 꼬스삐(Cospi) 고문서의 판화 번호, 12, 13에는 세계의 모서리 각각에 신전이 하나씩 그려져 있다. 동쪽은 태양에 공물을 바치는 곳(왼쪽 위), 북쪽은 이츠뜰라꼴리우끼(Itztlacoliuhqui)에게 공물을 바치는 곳(왼쪽 아래), 서쪽은 센떼오뜰(Centéotl)에게 공물을 바치는 곳(오른쪽 아래), 남쪽은 믹뜰란떼꾸뜰리에게 공물을 바치는 곳(오른쪽 위)이다. 동쪽과 서쪽의 신전들은 낮과 삶을 상징하는 기호로 표현된다. 북쪽과 남쪽의 신전들은 밤과 죽음을 상징하는 기호로 표현된다.

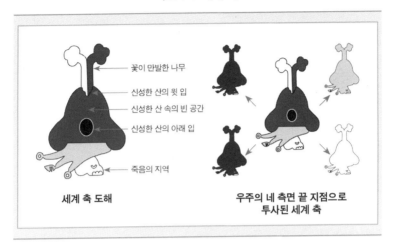

꽃이 만발한 나무

신성한 산의 윗 입

신성한 산 속의 빈 공간

신성한 산의 아래 입

죽음의 지역

세계 축 도해

우주의 네 측면 끝 지점으로
투사된 세계 축

요약하자면 우주의 평면도는 각각 특별한 색깔을 띤 사분면으로 나뉘어 있다. 그 색깔들은 옥수수 열매의 주요 색깔이다. 그러나 색깔에도 변종이 있고, 항상 동일한 순서로 나타나지도 않는다. 각 사분면 경계의 끝에는 하늘을 떠받치는 기둥이 있는데, 이는 나무, 신, 신전 등으로 표현할 수 있다. 나무들은 두 개 횡축을 통해 연결되어 있으며, 이 두 축을 현재는 '태양의 길'(동쪽에서 서쪽으로)과 '바람의 길'(북쪽에서 남쪽으로)이라고 부른다. 지구 표면의 평면도는 네 귀퉁이와 가운데에 점을 찍은 사각형 형상으로 나타난다. 주사위의 어느 면과 비슷하게 생겨서 오늘날 '다섯 눈 모양(五點形)'이라 불린다.

이미 살펴본 바와 같이 수직 방향으로는, 우주가 위쪽으로 13개 층, 아래쪽으로 9개 층이 있는데, 시간은 두 개의 횡축을 번갈아 이용하면서 이 층들을 흐른다. 시간이 흐르는 통로는 '낮에 대한 역법의 상징' 13개로 이루어진 하강 통로와 '밤의 아홉 주인'으로

이루어진 상승 통로다.[11]

4. 소통의 길

하늘, 땅, 지하 세계를 질서정연하게 연결하는 신성한 길들을 상징하는 것 가운데 나우아뜰로 '말리날리'라 불리는 형상이 가장 중요하다. 입체적으로, 가장 흔한 말리날리 형상은 상보적이고 대립적인 띠 두 개가 조합된 것으로, 하나는 올라가고 다른 것은 내려가는 모습이다. 이 띠들이 나선형으로 도는 것은 이들이 각기 다른 우주의 층을 돌아다닌다는 것을 의미한다. 평면적으로, 말리날리는 X자형 날개 또는 십자 형태로 표현된다. 이 십자형은 나선 두 개를 세로로 절단해 만든 것처럼 보이는데, 위에 있는 선들에서는 두 나선을 '태양의 길'과 '바람의 길'이라고 부른다. 이 경우에 이 두 길은 마야인들의 하늘 띠다. 의례적인 의미로는, 이 두 길을 두 개의 종이 띠 또는 아마네아빠날리[12]로 만들어 어깨에서 가슴으로 두르거나 겹치게 접은 종이를 눈에 띄는 매듭으로 묶어서 시체 꾸러미 앞에 바치는 의례용 공물로 사용하는데, 이는 이 두 길을 달리 표현한 것이다. 말리날리의 의미를 완성하기 위해 종종 말리날리의 줄기 두

---

11 시간은 두 가지 덩어리로 편성된다. 낮의 13주인인 또날떼꾸뜰리(Tonalteku'tli)와 밤의 9주인인 요왈떼꾸뜰리(Yowalteku'tli)다.

12 아마네아빠날리(amaneapanalli)는 신뿐만 아니라 죽은 사제와 통치자가 입기 때문에 종교에서 대단히 중요한 의례용 복장이다.

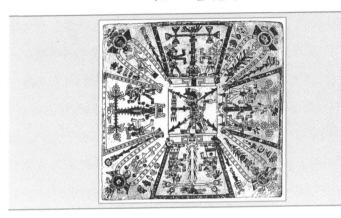

개에 상보적이고 대립적인 두 가지 색깔, 즉 짙은 남색과 빨간색(밤/
낮) 또는 청록색과 노란색(물/불)을 입혀 구분한다.

　세계 축뿐만 아니라 나무들도 신들이 우주의 여러 층을 오르내리
는 데 사용하는 길이다. 사아군이 확언한 바에 따르면, 옛 나우아
사람들은 불의 신이 우주 축을 차지하는데, 그 신의 집은 터키석으로
만든 수조라고 생각했다. 전문가들의 깊은 관심을 유발한 불의 신과
물의 이런 관계는 세계의 중심에서 상보적이고 대립적인 것들의 결
합을 통해 설명될 수 있다. 말리날리의 두 줄기가 세계 축에서 나타
날 뿐만 아니라, 하늘을 떠받치는 네 개의 기둥에서 '프랙털'[13] 도형
처럼 재생되며, 그 기둥들에서 두 줄기는 몸통이 서로 얽혀 있는 두

13　프랙털은 일부 작은 조각이 전체와 비슷한 기하학적 형태를 말한다. 이런 특
　　징을 자기유사성이라고 하고, 자기유사성을 갖는 기하학적 구조를 프랙털 구
　　조라고 한다.

그루의 나무처럼 표현될 수 있다는 설명도 가능할 것이다.

말리날리의 십자형 하나는 움직임을 의미하고, 교대를 상징한다. 더 큰 십자형은 전쟁을 상징하는데, 이 전쟁을 나우아뜰로는 디프라시스모를 이용해 'in atl, in tlachinolli(물, 모닥불)'라고 규정한다. 의례에서 춤을 출 때 몸을 돌리는 것은 말리날리가 움직이는 궤도를 나타낸다. 마르가리따 발도비노스[14]에 따르면, 현재의 멕시코 나야릿(Nayarit)주 헤수스 마리아(Jesús María) 지역에 거주 중인 꼬라(cora)족에게 '상승하는 움직임'은 춤을 추면서 시계 반대 방향으로 도는 것에서 재생되고, 반면에 '하강하는 움직임'은 시계 방향으로 도는 것에서 재생된다. 이 개념은 믿음이 깊은 사람들이 하늘에 자리를 잡기 위한 의례적인 의미로서 '하늘로 올라가는 축제'가 개시될 때 춤이 시계 반대 방향으로 돌기 시작해 의례가 끝날 때는 시계 방향으로 도는 동기가 된다.

5. 신의 하강

에르난도 루이스 데 알라르꼰[15]은 17세기에 멕시코 원주민의 마

---

14 마르가리따 발도비노스(Margarita Valdovinos)는 멕시코의 문화인류학자, 언어학자, 역사가다.

15 에르난도 루이스 데 알라르꼰(Hernando Ruiz de Alarcón)은 멕시코 출신의 작가로, 16세기에 멕시코 북부 지역에서 인상적인 여행을 하면서 토속적인 관습을 접하고, 회고록 『본 누에바 에스빠냐 출신 인디오들에게 현존하는 이교적 미신과

술적인 주문들에 관해 공부할 때, 주술사들이 별과 동물이 마치 사람처럼, 그것들과 대화를 하도록 만드는 동기의 이유에 관심을 보였다. 그는 해와 달의 탄생 신화에서 그 동기에 대한 답을 발견했는데, 그 신화 덕분에 원주민의 믿음에서 두 세기 또는 두 세상(두 시기), 두 계급을 발견할 수 있었다. 첫 번째 세기에서는 별뿐만 아니라 동물도 인간이었는데, 그들은 모닥불에 자기 몸을 던져 스스로를 희생함으로써 이 세상의 존재로 변화하게 된다. 그들은 스스로를 희생한 뒤 각자 자신의 공덕에 따라 이 세상에 존재하는 형상을 얻게 된 것이다.

루이스 데 알라르꼰의 설명은 명확하다. 다른 세기의 사람들은 모두 신화의 신들인데, 신들의 모험은 그들이 이 세상에서 갖게 될 결정적인 형상을 부여한다. 루이스 데 알라르꼰은 별과 동물에 대해서만 말했다. 그는 나머지 피조물(자연적인 것과 인공적인 것)들에 관해서는 언급하지 않았는데, 그가 에스파냐어로 번역한 나우아뜰 주문 가운데 많은 수가 그들 피조물을 지향한 것이다. 해와 달이 모닥불에서 스스로를 희생할 때, 해는 모든 형제가 자기처럼 죽음의 지역에서 단단한 물질을 얻을 수 있도록 자기를 본떠 죽으라고 요구한다. 모든 신은 죽고, 그들에게 죽음의 특성을 부여하게 될 단단하고 오래 지속하지 못하는 물질이 뒤덮이고, 그럼으로써 삶과 죽음의 주기를 시작하고, 그 주기를 통해 죽을 때 이미 사용된

관습에 관한 연구(Tratado de las supersticiones y costumbres gentilicas que hoy viven entre los indios naturales de esta Nueva Espana)』를 남겼다.

물질을 제거하고, 다시 죽음의 지역으로 갔다가 세상으로 되돌아오기 위해 그 물질에 다시 뒤덮인다. 전형적인 예는 가장 늦게 희생당한 신 솔로뜰[16]인데, 그는 죽음에서 벗어나려고 했을 때 붙잡힌다. 죽음과 더불어, 그는 변화시키는 자의 힘을 지닌 피조물로 탈바꿈했다. 그 피조물인 아홀로떼는 꼬리가 긴 양서류 동물로, 일반적으로 유성생식을 하지만 어떤 경우에는 변태(變態)를 통해 성체가 된다.

현존하는 신화들의 동인은 태양의 작용 과정이다. 지표 위에서 지표면을 비추어 단단하게 만드는 별들의 작용은 신화의 신들에게도 일어나는데, 신들은 지하 세계를 여행한 뒤에 이제는 피조물

16 솔로뜰(Xólotl)은 메시까와 똘떼까 신화에 등장하는 일몰, 영혼, 쌍둥이, 금성의 신이다. 금성과 지하 세계의 주인으로서 죽은 자가 믹뜰란(Mictlán)으로 가는 것을 돕는다. 솔로뜰은 지옥으로 불을 옮기는 신으로 간주된다. 밤에 지하 세계로 가는 동안 태양을 보호한다. 인간에게 지혜의 불을 가져가 넘겨주었다. 께찰꼬아뜰의 쌍둥이인 그는 개의 머리를 한 인간의 모습으로 그려진다. 솔로뜰은 두 겹 용설란, 두 겹 옥수숫대, 멕시코 도롱뇽 아홀로떼(ajolote)로 계속 변신하며 도망치다가 마지막으로 희생된 신이다. 결국 잡혀 죽은 그는 지하 세계를 여행한 뒤 아홀로떼라 불리는 양서류의 근원이 된다.
아홀로떼는 점박이도롱뇽과의 일종으로, 유성생식을 보여주는 종이다. 우빠루빠(uparupa)라고도 부른다. 올챙이는 성체로 탈바꿈할 수 없으며, 이에 따라 다 자란 후에도 겉아가미를 지닌 채 물에서 살아야 한다. 쉽게 번식하고, 잃어버린 신체를 쉽게 재생하고, 놀라운 장기이식 능력(다른 아홀로떼의 장기를 이식받아도 거부반응이 전혀 없다) 때문에 과학 연구나 애완동물로 널리 이용된다. 18~24개월이 지나면 성적으로 성숙하는데, 이때 몸길이는 15~45센티미터에 이른다.

표 8-1 신화적·세속적 시간-공간

신화의 시간-공간		태양의 첫 출현		세속의 시간-공간
부드러움	→	태양열과 태양빛	→	고형화(固形化)
신성한 모험	→	신성한 모험이 갑자기 중지됨	→	신들이 삶/죽음의 주기 안에 갇힘
세상의 원인간 (原人間: protoser)	→	세상 인간의 창조	→	세상 것들이 삶/죽음의 주기 안에 존재함

인 인간으로서 땅 위로 나온다. 이 신화들은 '대략' 기독교의 영향을 덜 받은 이야기들, 복음주의자들의 가르침을 재해석해 통합하는 이야기들로 구분할 수 있다. 첫 번째 이야기들에서는 무질서의 시간, 즉 많은 경우에 미개인의 풍습, 식인 풍습, 살인, 근친상간, 남색의 시간에 관해 언급하는데, 무질서의 시간은 태양의 권위가 강요됨으로써 축소된다. 신화의 등장인물, 반란자 상당수가 무시무시한 태양 광선으로부터 도망치려 애쓰면서 산속 동굴에 숨는다. 그러나 그들은 태양 광선의 영향을 벗어날 수가 없는데, 산의 피조물로 변해 지표면으로 나올 때 비로소 태양 광선의 영향에서 벗어날 수 있다.

기독교 전통의 영향을 가장 많이 받은 신화들에서 태양은 그리스도와 동격이기 때문에 경계적 시간, 정확히 말해 피조물들의 기원이 되는 변형의 기적이 이루어지는 시간에 위치한다.[17] 때때로 어떤 신화에서는 그리스도가 형제들을 파티에 초대하지만 형제들

---

17 그리스도가 이 세상의 창조자로서 태양을 대체했다. 이런 이유로 그리스도의 존재는 변화하는 과정적·경계적 시간에 위치한다. 메소아메리카인의 선조들은 기독교로 개종하지 않으면 이교도가 되었다.

표 8-2 **패러다임의 변화**

원래의 패러다임	• 태양이 광선을 쏘고, 땅을 굳게 하고, 하늘에서 자신의 궤도를 따라 움직이기 시작할 때 세상이 존재하기 시작한다. • 세상에 존재하게 된 일부 원인간(原人間)은 피조물이 되어 지표면에 남아 있다. • 세상에 존재하게 된 일부 원인간은 빛으로부터 벗어나려 애쓰다 땅 밑에 숨는다. • 죽음의 지역에 있는 이들은 세상의 시간 밖에 존재한다.
복음의 가르침	• 신세계의 사람들은 복음화 이후에 구원을 받을 것이다. • 입교한 새 신자에게는 십자가 기호가 표시된다. • 복음 전도를 받아들이지 못하고 산으로 도망치는 사람은 진리를 받아들이지 못하는 동물 같은 자다. 영생을 얻지 못할 것이다. • 신세계 사람의 선조는 영생을 얻지 못할 것이다.
식민적 패러다임	• 세계는 그리스도의 탄생, 죽음 또는 사제의 축성(祝聖)과 더불어 시작된다. • 복음 전도자가 성호를 그을 때 세상이 크게 변화한다. • 십자가의 표식을 받아들이지 않는 사람은 산(山)짐승으로 변한다. • 선조는 세상이 생기기 전의 존재들이다.

가운데 많은 수가 부름에 응하지 않고 파티에 참석하기를 거부하며 산으로 도망친다. 여기서 다음과 같은 구분이 이루어진다. 즉, 그리스도의 부름에 응답하는 자는 인간 피조물로 태어나고, 파티에 가지 않은 자는 개종을 하지 않아 동물로 태어난다.

6. 신이 지표면에 등장하다

신화적인 모험에 등장하는 신들 가운데 많은 수가 죽음의 어두운 지역에서 무시무시한 태양 광선으로부터 스스로를 보호하려고 시도했다. 바로 이 태양 광선이 신들이 만들어낸 원형적(原形的) 존재[18]를 파괴했고, 그럼으로써 그 존재의 근본적인 특성들이 햇빛의 효과로 인해 고정되고 견고해졌다. 그렇게 해서, 신들은 자신들이 이전에 가졌던 상태와 다른 상태에 도달할 수 있었다. 이제 신들은 아버지들-어머니들이 되었는데, 이들은 자신의 후손에게 자신의 본성을 전달할 수 있는 능력을 가진 존재다. 신들을 이루는 조각 하나는 그들이 창조한 종(種) 각각의 내부에 남아 그 존재의 영혼을 형성하고 그 영혼 안에 존재의 근본적인 특성들을 재현하게 된다.

16세기 말엽에 프란시스꼬 라미레스[19]가 채록한 따라스꼬족의 신화는 앞에서 언급한 것을 우리에게 설명해 준다. 하늘의 여신(우리가 살펴본 다른 신화에서 자기 자식들을 따모안찬에서 내쫓은 그 여신)은 자식들의 운명을 걱정하고 있었다. 지표면 전체가 태양의 공격적인 빛을 쐬었기 때문에 그녀의 자식들이 지표면에 머무를 수가 없었던 것이다. 여신의 자손들은 죽음의 지역에서 나올 필요가 있었고, 그것을 위해 여신은 지하 세계의 신에게 대책을 마련해 달라고 부탁했다. 지하 세계의 신은 여신의 부탁에 응해 자신의 아내더러 피조물을 낳게 했다.

그 피조물은 땅에 거주하기에 적합했는데, 그들이 이제 자신들의 내부를 감싸는 무거운 물질을 갖추고 있었기 때문이다. 그러나 앞서 살펴본 바와 같이 시간의 효력의 영향을 받는 바로 이 덮개가 피조물을 삶과 죽음의 주기에 묶인 존재로 변화시켰다. 덮개가 쓸모없어졌을 때, 영혼은 죽음의 지역에서 다시금 스스로를 보호해

18　원형적인 존재(el ser proteico)는 형태 또는 외형을 쉽게 바꿀 수 있는 존재다.

19　프란시스꼬 라미레스(Francisco Ramírez)는 16세기에 멕시코 미초아깐 (Michoacán)주 빠츠꾸아로(Pátzcuaro)에 거주하면서 따라스꼬(Tarasco)족의 신화를 연구했다.

야 했다. 거기서 영혼은 같은 종에 속한 다른 개별자 안에서 태어날 다른 기회를 노리고 있었다.

아버지들-어머니들은 경계적 시간-공간 안에 보호를 받은 장소로부터, 또는 에꾸메노의 경계 양쪽에서 번식 기능을 계속 완수하는데, 그런 곳에서는 그들의 신성한 조건이 그들의 보호를 보증한다. 그들은 경계적 공간에서 하늘을 점유해 별들 속에 들어 있게 된다. 그들은 지표면 근처에 있는 신성한 산의 창고인 거대한 동굴에서 산다. 그들은, 정확히 말하면 삶의 배아이며, 현재 종종 '씨앗', '심장', 또는 '씨앗-심장'이라는 이름을 부여받는다. 그들이 지표면 위로 올라감에도 불구하고, 산의 덮개는 산의 내부를 죽음의 지역 중 한 부분으로 간주하게 한다. 산 밑에 거대한 물로 된 몸체가 있고, 그 아래로 지하 세계의 층들이 계속된다. 산과 산의 돌출부 위에 나무들이 세워지고, 그 나무들을 통해 별과 기상현상이 생긴다. 다른 피조물은 샘물과 같이 신성한 산의 아래 입을 통해 세상으로 나온다. 인간 집단들이 탄생할 때 그 산은 치꼬모스똑의 형상을 얻는다. 창고는 빈 공간의 수를 늘리고, 그렇게 해서 일곱 개의 동굴을 지닌, 출산하는 어머니로 변신한다. 각각의 자궁에서 하나의 인간 집단이 나오므로 매번 일곱 개의 집단이 탄생한다.

7. 경계, 신성한 장소의 신 또는 지상에 퍼져 있는 신

앞서 살펴본 바와 같이 아버지들-어머니들은 하늘의 내부 경계

지역의 별들 속 또는 지하 세계(신성한 산의 창고)에 산다. 그러나 그들은 또 다른 덮개를 뒤집어쓴 채 자주 지표면에 나타난다. 그 덮개들 가운데 하나는 인간의 모양(antropomorfa)이다. 인간 모양의 덮개는 각기 다른 아버지들-어머니들뿐만 아니라 신성한 산의 주인에 의해 사용될 수 있다. 이 덮개는 아버지들-어머니들이나 신성한 산의 주인을 단일하게 덮느냐, 이원적으로 덮느냐에 따라 단일한 것 또는 이원적인 것이 될 수 있다. 그런 식으로 그들은 자신들의 거주지인 신성한 산의 기슭을 배회한다. 또한 그들은 여성의 형태로만 나타날 수도 있다. 이 경우 여성의 형태가 신성한 산의 주인의 배우자일 때는 수생동물의 여주인, 혹은 물의 여주인, 나우아뜰로는 '아뜰란 차네(Atlan Chane)'로 나타난다. 요즘에는 종종 바다의 요정(사이렌)의 형상과 이름을 차용한다. 남주인과 여주인의 형태일 경우에는 동물의 덮개를 사용한 것인데, 남자는 사슴, 여자는 보아뱀(또는 독뱀)이다. 아버지들-어머니들은 자신들과 같은 종의 신성한 동물, 자신들과 크기 또는 색깔이 다른 동물의 덮개를 쓰는데, 이 동물들을 사냥하는 것은 금지되어 있다. 식물의 아버지들-어머니들인 경우에는 자식·자손 식물처럼 화사한 모습을 보여줄 것인데, 그래서 현전하는 이야기들에서는 "신성한 산의 주인이 선호하는 꽃을 꺾는 것"은 위험하다고 한다.

아버지들-어머니들은 신성한 산의 외면 너머의 성스러움이 깃든 장소에서 쉴 수가 있다. 여러 고고학 유적지에는 도기로 된 형상, 돌을 깎아 만든 형상 같은 것이 아주 많이 있는데, 그것들 내부에 신이 살고, 일부 경우에는 신이 거대한 용기에 담겨 있는 형상이다. 고고학 유물 안이건, 형태나 재질이 평범하지 않은 돌 안이건, 몸집이 거대한 존재나 난쟁이로 상상된 거대한 바위처럼, 단단한 덮개에 싸여 있는 형태로 지상에 흩어져 있는 이 신들을 만나는 것이 가능하다.

신들은 자신들을 닮은 자연적이거나 인공적인 덮개로 몸을 감싸고 있다. 그렇듯 신은 자신의 형태를 재현하는 나무와 돌을 차지하거나, 인공적인 이미지 속으로 들어갈 수 있는데, 인간은 신을 가까이 두기 위해 신의 이미지와 더불어 신 자체를 가져온다. 안 에꾸메노적인 신과 이미지 속에 들어 있는 그 신의 몫 사이에는, 신자들이 신에게 보내는 메시지와, 신이 말이나 행위를 통해 신앙심 깊은 이들에게 주는 답을 전달하는 어떤 연결고리가 존재한다.

신의 이미지는 일시적으로 또는 영원히 신이 깃들어 있는, 살아 있는 인간의 몸이 될 수 있다. 이 경우에 인간은 인공적인 이미지들과 마찬가지로, 인간이나 신 사이의 소통로가 될 수 있고, 지상에 있는 신들의 대표 또는 희생제의(犧牲祭儀)에 오를 희생자의 몸이 될 수 있다. 희생제의에서 제물이 되는 인간을 죽이는 행위는 인간 내부의 신을 죽게 하는 것으로서, 어느 의례에서는 그 신이 원기를 회복해 에꾸메노에서 다시 태어나게 해준다.

경계적인 시간-공간의 아버지들-어머니들은 태양과 세계가 종말을 고하기 전에 모든 피조물을 쓰러뜨려 산산조각 내려고 기다리는 신성한 존재들처럼 무시무시한 형상들 속에 잠복해 있을 수 있다. 그들은 태양에 강탈당한 장소를 다시 차지하기를 원한다. 그들은 나우아뜰로 치치미메[20]라 불린다. 잔인함에도 불구하고 그들은 오늘날 멕시코 뿌에블라주의 시에라 노르떼[21]에서는 원피조물(原被造物)[22]로 알려져 있다. 그들은 밤이나 일식이 이루어져 태양이 약해질 때 태양을 공격할 채비를 한다.

기상현상의 신들은 다른 특성(다른 상태와 다른 역할)을 지닌다. 비, 우박, 구름, 번개 등은 신성한 산의 내부, 그리고 신성한 산이 지표면의 네 모서리에서 돌출된 부분에 거주한다. 그 신들은 지표면에서 활동하기 위해 그곳에서 신성한 산의 주인이 내리는 명령을 기다린다. 그 신들의 존재가 하늘에서 이루어지는 호전적인 함성이 가득 찬 강렬한 싸움처럼 표현되는 것은 이상하지 않다. 바람과 물을 분배하는 일을 맡은 난쟁이들의 임무처럼, 그 신들의 임무는 다양한 형태로 나뉠 수 있다.

마지막으로 파수꾼들 또는 고용주들, 즉 신성한 산의 주인의 하인들이 있다. 신성한 산의 주인의 하인들은 자연적인 공간이나 각 지형을 보호하는 임무를 지니는데, 이들은 숲, 강, 샘, 분수를 지키는 신이다. 이들에게는 나우아뜰로 차네께[23]라는 복수형의 이름이

---

20 치치미메(Tzitzimime)는 나우아뜰로 '나쁜 화살'을 의미한다. 메시까 신화에 등장하는 기괴한 하늘 신성의 무리다. 에스빠냐 정복 이후 이들은 악마, 마귀로 불렸는데, 이런 이름은 이들이 메시까 신앙에서 보여준 역할을 온전히 반영하지는 않는다.

21 시에라 노르떼(Sierra Norte)는 뿌에블라(Puebla)주에 있는 산맥으로, 시에라 마드레 오리엔딸(Sierra Madre Oriental) 산맥의 남쪽 끝 부분에 해당한다.

22 로뻬스 아우스띤에 따르면 태양이 생겨나기 바로 전에 원피조물(protocriatura) 인 신이 자신의 물질적 특성들 가운데 마지막 것을 획득한다.

23 차네께(chaneque)는 나우아뜰로 '위험한 지역에 거주하는 자들' 또는 '집(가정) 의 주인들'이다. 이들은 메시까 신화에 등장하는 피조물로서 지하 세계와 연계

붙었는데, 그 이유는 차네(chane)라는 단어가 '집(가정)의 주인'을 의미하기 때문이다. 다른 차네께는 신성한 산의 주인의 말을 전하는 자들, 또는 명령을 수행하는 자들이라는 뜻이다. 이들 가운데 일부는 법을 위반하는 자를 벌하기 위해 독이 있는 뱀의 형상을 취한다.

8. 통행하는 신

지금까지 신-시간들에 관해 반복적으로 언급되었는데, 이들은 우주나무를 통해 에꾸메노로 와서 자신의 일을 완수하려고 에꾸메노를 돌아다닌다. 이 신들의 행로는 짐꾼과 짐 자체라는 이중적인 형상과 더불어 표현된다.

아주 중요한 또 다른 신들은 주기적으로 도래한다. 이들은 자연의 변화 과정을 책임지고 추동하며, 많은 경우에 강렬한 장면들이 펼쳐지는 희생제의의 제단에서 자신들의 세상일을 마무리한다.

이 신들이 탄생하는 좋은 예가 바로 식민시대다. 『후안 바우띠스따의 연보(Anales de Juan Bautista)』에는 1567년 3월 19일, 산 호세에서 거행된 축제에 관해 언급되어 있다. 정복된 멕시코시티의 산 후안 모요뜰란(San Juan Moyotlan) 지구의 원주민들은 위의 날짜를 시뻬 또떽(Xipe Tótec) 신(우리의 지배자, 피부의 주인)이 도착하는 날, 또

되어 있는 존재들이며, 이들의 주요 활동은 산과 야생동물을 보호하는 것이다. 이들은 다양한 형태를 지닐 수 있는데, 주로 '유세뜨(Yuseth)'라 불리는 작은 남자나 여자의 형태로 주로 나타나며, 하얀 족적을 남긴다.

는 부활하는 날로 이해했다. 루이스 레이에스 가르시아(Luis Reyes García)의 번역에 따르면, 텍스트의 내용은 "수요일(1567년 3월 19일)에 산 호세 축제가 거행되었다. 그때 요삐치말리가 나타났고, 우리의 주님이 부활하자 요삐우에우에뜰이 나타났다"(루이스 레이에스 가르시아, 그대는 어떻게 혼동할 수 있지? 혹시 우리가 정복된 거 아닐까?). 텍스트에 언급된 두 도구는 둥글고 얇은 방패와 세로로 된 북이었는데, 이는 바로 시뻬 또떽 신의 상징물들 가운데 두 가지다.[24]

에꾸메노에 도래한 다른 신들, 하지만 주기적으로 도래하지 않은 신들은 의인화된 질병과 재난들이다. 그들은 하늘에서 일어나

---

24 요삐치말리(yopichimalli)는 방패처럼, 요삐우에우에뜰(yopihuehuetl)은 북처럼 생겼는데, 이 둘은 시뻬 또떽 신의 상징물이다. 시뻬 또떽 신은 요삐치말리를 오른쪽 팔뚝에 걸치고 있다.

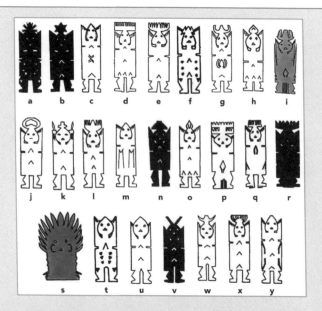

시에라 마드레 옥시덴딸(Sierra Madre Occidental) 협곡과 동쪽 사면에 걸쳐 있는 떼뻬우아(Tepehuas) 지역에서 발견된 이미지로, 종이에 그려져 있다.

a) 해, b) 별, c) 불, d~e) 흙, f) 악마, g~h) 물, I~j) 바람, k) 십자가, l) 흙 십자가, m) 집, n) 라까친친(lakachinchín) 성당, o) 따흐낀(tahkin) 성당, p~q) 옥수수, r) 고추, s) 쁠라따노(바나나), t) 인간, u) 인간의 그림자(의례적인 정화를 위해), v) 깨끗하게 함(악마), w) 깨끗하게 함(달), x) 깨끗하게 함(정화를 위한 약초들), y) 깨끗하게 함(더러운 공기)

자료: Roberto Williams García.

는 사건들에 관해 알려주었는데, 그 사건들 중에는 혜성들, 일식과 월식에 관한 것이 있다.

_ 조구호 옮김

그만하면 되었다

　이렇게 해서 우리는 메소아메리카 전통의 꼬스모비시온에 관해 개괄하고 그 마지막에 이르렀다. 내적으로는 과도한 종합화가 그 내용을 단순화하고 억지로, 또 지나치게 일반화함으로써 시간 속에서 그리고 광대한 영토 안에서 전통을 만들며 향유하는 사람들 사이에 존재해 온 풍부한 다양성을 은닉해 버린다. 외적으로는, 이 꼬스모비시온이 우리 나라(멕시코)에 공존하는 여러 꼬스모비시온 중 하나인데, 우리 나라에서는 전통이 모두 원주민의 것이 아니고, 원주민 문화가 모두 메소아메리카의 과거에서만 영향을 받은 것도 아니다. 우리는 수많은 조각으로 이루어진 어느 모자이크의 일부이지만 그 조각들의 경계가 늘 제대로 확정되지는 않는다.

　필자가 50년이 넘는 예전부터 이 연구를 시작하기로 한 주목적은 우주를 형성하는 개념에서 일관성을 찾아보려는 것이었다. 밖에서 보면 모든 꼬스모비시온은 이국적이고 기묘한 맛이 난다. 그것은 우리 자신의 신념에 대한 영원하고도 불가피한 확신 때문에 우리가 걸려드는 속임수의 한 부분이다. 우리의 사고는 이국적이고 이상한 낯선 이들에 의해 판단되는데, 그들은 우리가 타자의 사고를 판단할 때 근거로 삼는 것과 유사한 논거와 불합리한 시각을 동원한다. 그럼에도 불구하고 필자는 타자, 모든 타자에 대한 인식에서 진전이 있는 것만큼 편견과 편협성이 천천히 옅어지고 있다고 믿는다.

서글프게도 식민지 유산의 틀에 갇혀 있는 우리 나라에서 우리와 다른 것들은 거부되고 혐오의 대상이 된다. 우리는 스스로가 모자이크라는 생각에 동의하지 않으며, 우리의 다양성을 인정하는 대신 우리가 밑바탕에 있는 사람들이 마땅히 올라가야 한다고 생각하는 동질성의 단계 하나를 만든다. 다른 사람은 누구든 자신의 이상을 좇아 열망을 이루며 자신의 정체성에 따라 존재하고 발전할 권리가 있는데도, 식민 정신을 지닌 우리는 이를 부정한다.

이와 같은 낯선 사람 중에는 멕시코의 원주민이 있는데, 이들은 수치스러울 정도의 소외와 가난에 처해 있다. 오늘날의 원주민은 누구인가? 정부에 의해 들판으로, 불공평으로, 불확실성, 불안정성으로, 제 나라인 이곳에서 미래가 없는 상태로 내몰린 사람들은 부조리한 멕시코 경제 체제가 부정하는 자신들의 생계 수단을 찾아 외국으로 떠난다. 멕시코의 원주민은 국외 이주 노동자가 늘어선 거대한 줄을 더욱 길게 만들고 있다. 공식 통계에 의하면 2015년에 이들이 모국으로 송금한 돈은 247억 7090만 달러다. 멕시코가 원유의 채취와 판매로 얻은 수입의 33%를 초과하는 액수다. 외국인이 국내 관광에서 쓴 돈보다 많다. 더욱이 2016년 1분기의 송금액은 2015년 같은 기간에 비해 8.9%나 증가했는데, 이는 올해 이루어질 원유 판매 이익금의 두 배가 넘는 액수다. 국외 이주 노동자들은 열악한 환경과 극도로 불리한 처지에서 그 같은 성과를 이루어냈다. 만일 부를 창출하는 사람들의 영토가 더욱 공정한 나라에 속해 있다면, 그들이 과연 자신의 영토에서 어떤 식으로 발전하게 될까?

원주민은 자기 운명의 주인이 될 자격이 있고 자신의 의지에 따라, 자신의 꿈에 기반해 자신의 미래를 건설할 자격이 있다.

2016년 8월
멕시코시티

찾아보기

지은이

알프레도 로뻬스 아우스띤(Alfredo López Austin, 1936~)

콜럼버스 도래 이전의 메소아메리카에 관한 연구에서 괄목할 만한 업적을 남긴 멕시코의 역사가로, 멕시코 국립자치대학교(UNAM) 인류학연구소의 명예연구원이자 같은 대학교 인문대학 메소아메리카의 꼬스모비시온 전공 교수로 활동하고 있다. 그동안 수많은 메소아메리카 전문가를 배출했다.

그는 대학에서 법학을 전공한 뒤 1970년에는 멕시코 국립자치대학교에서 「인간-신: 나우아 세계의 종교와 정치(Hombre-dios. Religión y política en el mundo náhuatl)」로 석사학위를 받았다. 1970~1972년에 같은 대학교에서 박사과정을 이수하고, 1980년에 논문 「인간의 몸과 이데올로기: 고대 나우아족에 관한 개념들(Cuerpo humano e ideología: Las concepciones de los antiguos nahuas)」로 박사학위를 취득했다.

학문을 탐구하는 과정에서 아날학파의 영향을 받았는데, 특히 프랑스의 역사학자 페르낭 브로델이 각기 다른 역사적 시기에 관해 설정한 개념은 메소아메리카의 역사적 현실을 설명하며 '핵심(núcleo duro)' 개념을 만들려 했던 로뻬스 아우스띤에 의해 더 정교하게 다듬어졌다.

그의 연구는 메소아메리카의 꼬스모비시온, 신앙, 의례, 신화의 의미를 역사적 맥락에서 이해하는 데 집중되었는데, 가장 널리 알려진 연구 성과는 인간의 몸과 그 몸을 구성하는 각기 다른 영혼에 관한 고대인의 개념에 관한 것, 메소아메리카 신화의 본성에 관한 것, 세상의 창조에 관한 것, 우주의 기하학적 구조와 기능에 관한 것 등이다. 현재 페루의 루이스 미요네스(Luis Millones)와 함께 메소아메리카와 안데스의 종교적 전통을 비교하는 연구에 매진하고 있다.

그동안 26권의 책을 집필하고 8권의 책을 편집했는데, 대표작으로는 『인간-신(Hombre-Dios)』 (1973), 『인간의 몸과 이데올로기(Cuerpo humano e ideología)』(1980), 『뜰라꾸아체 신화 (Los mitos del tlacuache)』(1990), 『따모안찬과 뜰랄로깐(Tamoanchan y Tlalocan)』(1994), '메소아메리카 전통의 꼬스모비시온(La cosmovisión de la tradición mesoamericana)' 시리즈 (2016) 등이 있다. 이 외에도 고고학자인 아들 레오나르도 로뻬스 루한(Leonardo López Luján)과 함께 『원주민의 과거(El pasado indígena)』(1996)를 출간했다.

그동안 다양한 장학금, 연구비를 지원받았고, 다수의 저명 학술상을 수상했는데, 특히 2020년에는 역사·철학·문학·언어·예술·사회과학 분야에서 뛰어난 성과를 거둔 사람에게 시상하는 '국가예술문학상(Premio Nacional de Artes y Literatura)'을 받았다.

옮긴이(수록순)

조구호

한국외국어대학교 중남미연구소 HK교수

유왕무

배재대학교 스페인어·중남미학과 교수, 한국외국어대학교 중남미연구소 HK일반공동연구원

김윤경

한국외국어대학교 중남미연구소 HK연구교수

최해성

고려대학교 스페인·라틴아메리카연구소 연구교수

김수진

사이버한국외국어대학교 스페인어학부 교수, 한국외국어대학교 중남미연구소 HK일반공동
연구원

한울아카데미 2330

생태문명총서 1
메소아메리카 전통의 꼬스모비시온
'우주와 신성'

지은이 | 알프레도 로뻬스 아우스띤
엮은이 | 한국외국어대학교 중남미연구소
옮긴이 | 조구호·유왕무·김윤경·최해성·김수진
펴낸이 | 김종수
펴낸곳 | 한울엠플러스(주)
편집책임 | 최진희
편집 | 이동규·정은선

초판 1쇄 인쇄 | 2021년 9월 10일
초판 1쇄 발행 | 2021년 9월 30일

주소 | 10881 경기도 파주시 광인사길 153 한울시소빌딩 3층
전화 | 031-955-0655
팩스 | 031-955-0656
홈페이지 | www.hanulmplus.kr
등록번호 | 제406-2015-000143호

Printed in Korea.
ISBN 978-89-460-7330-2 93940

※ 책값은 겉표지에 표시되어 있습니다.

이 책은 2019년 대한민국 교육부와 한국연구재단의 지원을 받아 연구되었음
(NRF-2019S1A6A3A02058027).